H. Wolff

Die metaphysische Grundanschauung Kants

Ihr Verhältnis zu den Naturwissenschaften und ihre philosophischen Gegner

H. Wolff

Die metaphysische Grundanschauung Kants
Ihr Verhältnis zu den Naturwissenschaften und ihre philosophischen Gegner

ISBN/EAN: 9783743415690

Hergestellt in Europa, USA, Kanada, Australien, Japan

Cover: Foto ©Thomas Meinert / pixelio.de

Manufactured and distributed by brebook publishing software (www.brebook.com)

H. Wolff

Die metaphysische Grundanschauung Kants

DIE METAPHYSISCHE GRUNDANSCHAUUNG KANTS,

IHR VERHÄLTNISS ZU DEN NATURWISSENSCHAFTEN UND IHRE PHILOSOPHISCHEN GEGNER.

DARGESTELLT UND BEURTHEILT ALS

INAUGURALDISSERTATION

ZU ERLANGUNG DER PHILOSOPH. DOCTORWÜRDE

AN DER UNIVERSITÄT LEIPZIG

VON

H. WOLFF.

MEINEM GUTEN VATER

KARL WOLFF

AUS

INNIGSTER VEREHRUNG UND DANKBARKEIT

GEWIDMET.

INHALT.

	Seite
Einleitung	3—4
I. Die psychologisch-metaphysische Grundanschauung Kants und ihre genetische Entwicklung durch Wolff, Hume (Locke)	4—19
II. Physiologische Begründung. Die objektive Gesichtsanschauung. Bestätigung und Modificierung der Kantschen Anschauung	20—40
III. Die philosophischen Gegner Hegel und Herbart. Berechtigung und Nichtberechtigung der gegen Kant erhobenen Einwürfe	40—64

Kuno Fischer sagt in der Vorrede des dritten Bandes seiner Geschichte der Philosophie: „Kant beherrscht die Philosophie des neunzehnten Jahrhunderts wie Leibniz die des achtzehnten." Und in der That ist der Einfluss des grossen Mannes auf dem Gebiete der Philosophie zunächst so massgebend gewesen, dass wir gegenwärtig in Deutschland eine Menge Aeste und Zweige finden, die alle zu ihrem Grundstamme und Ausgangspunkte Kant haben; und dass schwerlich irgend eine Philosophie in der Gegenwart epochemachend auftreten dürfte, die sich nicht mit der Kantschen in ihren letzten Endresultaten auseinander gesetzt hat. Die Anregungen und Anstösse ferner, die er der philosophischen Denkweise gegeben hat, haben ihre Wirkungen auch ausgeübt auf ferner stehende Zweige, namentlich die Naturwissenschaften; und auf die physiologische Optik speciell, sowie überhaupt auf die Theorie der Sinneswahrnehmungen hat seit Johannes Müller Kant einen derartigen Einfluss gewonnen, dass heute noch ein durch Kant vielleicht hervorgerufener Zwiespalt der Meinungen betreffs der Theorie der Raumanschauungen besteht, der unter den Physiologen seiner Lösung noch entgegensieht.*) Bleiben wir jedoch bei der Philosophie stehen, so sind nach

---

*) Helmholtz, physiolog. Optik. III. p. 435.

Kant nächst mehreren einzelnen Richtungen, wie die von Fries und Schopenhauer, zwei zahlreich vertretene und weit verbreitete Schulen entsprossen, die entweder in direkter Linie, die Herbartsche, oder in mehr indirekter Weise, die Hegelsche durch Fichte und Schelling hindurch, Kant zu ihrem Ausgangspunkte haben. Herbart wie Fichte, an den Schelling und Hegel anknüpfen, sagen geradezu, der erstere, dass er Kantianer sei,*) der letztere, dass er nie etwas werde sagen können, worauf nicht schon Kant unmittelbar oder mittelbar, deutlicher oder dunkler gedeutet habe.**) Je nach der individuellen Entwicklung aber treten nun beide Schulen, die Hegelsche wie Herbartsche bald mehr, bald weniger schroff Kanten gegenüber. Und doch sehen wir, wie grade die neuesten Resultate speciell der physiologischen und physikalischen Forschungen darauf hinauskommen, die metaphysischen Grundgedanken Kants mehr oder weniger festzuhalten. Daher wollen wir nächst einer kurzen Darstellung der Kantschen Grundgedanken zunächst sehen, in wie weit seine Lehre von den heutigen Naturwissenschaften, Physik und Physiologie bestätigt wird, und hieran eine Beurtheilung der Einwürfe und Tadel knüpfen, die ihm von den beiden auf und durch ihn folgenden, bedeutenden Männern, Hegel und Herbart gemacht werden.

I.

Zwei Männer waren es besonders, die auf den tiefen Denker Kant den grössten Einfluss gewannen: David Hume, der schottische Philosoph, und Wolff, der Vertheidiger der Leibnizschen Philosophie in Deutschland.

---

*) Herbarts allgem. Metaphysik ed. Hartenstein p. 64. II. S. W. B. III.
**) Ueber den Begriff der Wissenschaftslehre. 2. Ausgabe 1798. Vorrede p. 5.

Von dem ersteren spricht es Kant einmal aus, dass er durch ihn aus dem dogmatischen Schlummer geweckt sei,*) und gegen den Dogmatismus des zweiten war ja besonders seine Kritik gerichtet.**) Der Leibniz-Wolffsche Dogmatismus war damals in Deutschland die herrschende Denkweise, die wie Kant selbst sagt,***) sich anmasst, mit einer reinen Erkenntniss aus Begriffen, (die sie in der Ontologie aller Spekulation voranschickte), nach Principien, so wie sie die Vernunft längst in Gebrauch hat, ohne Erkundigung der Art und des Rechts, wodurch sie dazu gelangt ist, philosophieren zu können. Gegenüber dieser dogmatischen Denkweise führte Kant den einfachen grossen, von Locke bereits angeregten Grundgedanken durch, ehe man an philosophische Spekulationen herantrete, doch zuerst zu untersuchen, wie weit denn das menschliche Erkenntnissvermögen reiche, zuerst von Allem also den Umfang, die Grenzen und den Inhalt des menschlichen Erkenntnissvermögens zu bestimmen. Und zu dieser seiner Kritik des herrschenden Dogmatismus war er veranlasst durch David Humes Bestrebungen, der, ausgehend von Locke, dessen Empirismus zum Scepticismus umgewandelt hatte. Das kurze Resultat der Untersuchungen Lockes, die er uns in seinem Hauptwerke „Versuch über den menschlichen Verstand" mittheilt, ist folgendes: In dem ersten Buche, das wesentlich kritischer Art ist, bestreitet Locke alle angebornen, sowohl spekulativen, als praktischen Grundsätze und Begriffe, die den Inhalt jener ausmachen, gibt jedoch zu, dass der menschlichen Seele Fähigkeiten, Thätigkeiten, Operationen angeboren seien, die sie in Stand setzen, zu allgemeinen Begriffen und Vorstellungen zu gelangen. Die Seele, über deren eigentlichstes Wesen er ebenso wenig, wie später Kant eine bestimmte Ent-

---

*) Prolegomena, Einleitung.
**) Vorrede zur Kr. d. R. V. ed. Hartenstein p. 27.
***) Vorrede zur Kr. d. R. V. ed. Hartenstein p. 30.

scheidung gibt — denn was er Seele nennt, ist nur der allgemeine und formale Begriff eines erkennenden, fühlenden und wollenden Subjekts — ist von Hause aus eine tabula rasa, einem unbeschriebenen Papier ähnlich, das alle Schriftzüge aufnimmt, die sie behalten soll, deren Audienzzimmer gewissermassen das Gehirn mit seinen Organen und Nerven ist, welche die Vorstellungen von Aussen zuführen. „Er denkt sich, um mit den Worten Drobischs zu sprechen, (cf. Drobisch „Ueber Locke, den Vorläufer Kant's" Zeitschrift für exakte Philosophie B. II., p. 10) die Seele gleichsam wie eine Kugel, auf deren Oberfläche einerseits die äusseren Objekte, andererseits aber auch die in ihrem Inneren vorhandenen, ihr allerdings als Vermögen angeborenen Thätigkeiten Eindrücke machen, die als von Aussen und von Innen herrührende und daher als zwei theils durch Sensation, theils durch Reflexion gegebene disparate Vorstellungsklassen unterschieden werden."

Lockes tabula rasa ist also so zu sagen nur die Oberfläche der Seele, die ursprünglich ganz leere Tafel des Bewusstseins, nicht aber die ganze Seele; denn diese Oberfläche umschliesst ein Kern, der zwar nicht Vorstellungen, wohl aber Vermögen, und zwar nicht bloss Vermögen vorzustellen, sondern auch zu fühlen und zu wollen enthält, die aber erst zufolge äusserer Anregungen sich entfalten." Er schreibt also der menschlichen Seele gewisse Thätigkeiten, Fähigkeiten, Operationen zu, welche ihr angeboren sind und sie in Stand setzen, zu allgemeinen Wahrheiten zu gelangen. Diese Fähigkeiten sind zunächst eine Erregbarkeit und Empfänglichkeit für die Einwirkung äusserer Objekte; ferner eine, wenngleich durch die äussern Eindrücke erweckte Selbstthätigkeit, die sich kund thut im Vorstellen, Behalten, Verbinden, Unterscheiden, Vergleichen, Abstrahieren. (Essai philosophique par M. Locke, II. chapitre 7, 8, 9, 10, 11). Zu allen unseren Vorstellungen gelangen wir nun durch Erfahrung, und zwar auf zwei Wegen, durch Sensation, d. h. durch

Eindrücke, welche die äussern Objekte auf unsere Sinne machen und diese unserer Seele zuführen (äussere Erfahrung), und durch Reflexion, Aufmerksamkeit auf ihre eignen Operationen, welche sie mit den durch die Sinne empfangenen Vorstellungen vornimmt, vermöge welcher sie nun die Vorstellungen des Wahrnehmens, Denkens, Zweifelns, Glaubens, Folgerns, Erkennens, Wollens empfängt. Grade ebenso jedoch, wie er die äussern Objekte von den durch sie bewirkten Empfindungen unterscheidet, so unterscheidet er auch die Thätigkeiten (Operationen) der Seele von den durch sie hervorgebrachten Vorstellungen und bezeichnet die letztern ebenso gut als Eindrücke, welche von den ersteren auf die Seele gemacht würden, die erst dann wahrgenommen würden, wenn sie stark genug wären.*) Die Grundlage zu allen unseren Vorstellungen sind nun die einfachen Wahrnehmungen, die der Seele also theils durch die Affektion der Sinne von Aussen, theils durch die innere Erfahrung aufgenötigt sind. Einige von ihnen kommen nur vermittelst eines Sinnes in die Seele, wie die einfachen sensiblen Qualitäten, andere werden durch das Medium von mehreren Sinnen zugeführt, wie die Vorstellungen von Raum, der Ausdehnung, Gestalt, Ruhe, Bewegung, noch andere erhält sie blos durch Reflexion, wie die Vorstellungen von den Seelenthätigkeiten, dem Vorstellen, Wollen etc., einige endlich bieten sich der Seele auf jedem Wege, der Sinnlichkeit und Reflexion dar, wie die Begriffe von Vergnügen, Lust, Unlust, Schmerz, Kraft. (Essai philosoph. II. chap. III. § 1 ff.) Diese Vorstellungen sind aber keineswegs Bilder, welchen im Objekte etwas Reales entspräche, so wenig als die Worte den durch sie bezeichneten Objekten ähnlich sind, sondern es sind die unmittelbaren Objekte des Bewusstseins, hervorgerufen durch Körper, welche die Eigenschaft, Kraft

---

*) cf. Drobisch, über Locke, den Vorläufer Kants p. 10. — Essai philos. par Locke II. chap. 1. § 2 ff.

besitzen, derartige Vorstellungen in uns hervorzurufen. Hier aber bleibt sich Locke nicht durchgängig treu, und es ist dies wohl eine schwache Stelle seiner Metaphysik. Er unterscheidet nämlich dreierlei Eigenschaften als Kräfte der Körper. Erstlich solche, welche vom Körper in jedem Zustande unzertrennlich sind, welche an ihm bei allen Veränderungen, bei allem Wechsel und bei jedem noch so gewaltigen Einfluss beständig haften. Es sind dies die Grundeigenschaften der Körper, welche die einfachen Vorstellungen der Dichtheit, Ausdehnung, der Figur, der Bewegung, der Ruhe und der Zahl in uns hervorbringen, welche letzteren somit eine objektive Realität haben (?). Von diesen sind unterschieden die abgeleiteten, sekundären Eigenschaften, die zwar von Aussen angeregt, aber doch nur subjektive Vorstellungen der Seele sind. Und unter diesen letzteren scheidet er wieder die unmittelbar wahrnehmbaren und die mittelbar wahrnehmbaren, die ersteren die Farben, Töne, Gerüche, Geschmäcke, die letzteren die Kräfte der Körper im eigentlichen Sinne. (Essai phil. II. chap. 8 § 1—26). Diese einfachen, theils durch Sensation, theils durch Reflexion gegebenen Vorstellungen sind nun die Grundlage und Bestandtheile, aus welchen mittelst der immanenten Operationen des Vergleichens, Unterscheidens, Verbindens, Trennens zusammengesetzte Vorstellungen gebildet werden, theils nur als Modifikationen von jenen, wie die Modi des Raums, der Dauer, theils Begriffe der Substanzen und Relationen (Essai philos. II. chap. 12), theils endlich alle die tiefsinnigsten und abstraktesten Begriffe, welche sich nur im Besitze der menschlichen Seele befinden mögen.

Auf demselben Standpunkte der Empirie steht nun auch Hume, der in seinem Hauptwerke „Untersuchungen über den menschlichen Verstand" ebenfalls den Ursprung unserer Vorstellungen, und was Locke nicht gethan hatte, wesentlich den Ursprung des Causalitätsbegriffs untersuchte. Er frug also zunächst, ob es möglich sei, dass die Vernunft diesen Begriff a priori denke, und forderte, wie Kant (Einleitung zu den Prolegomena) sagt, die Vernunft auf, die da vorgibt ihn a priori in ihrem Schoosse erzeugt zu haben, ihm Rede und Antwort zu geben, mit welchem Rechte sie sich denkt, dass etwas so beschaffen sein könne, dass, wenn es gesetzt ist, dadurch auch etwas Anderes notwendig gesetzt werden müsse." Die Wirkung ist von der Ursache ihrem Inhalte nach durchaus verschieden, und es lässt sich daher a priori gar nicht erweisen, mit welchem Rechte mit dem blossen Begriffe der Ursache auch die Wirkung notwendiger Weise gesetzt werde. Hieraus schloss er, dass die Vernunft gar kein Vermögen habe, solche Verknüpfungen, auch selbst nur im allgemeinen a priori zu denken, und dass daher der Causalitätsbegriff kein apriorischer, sondern lediglich ein auf psychologischer Induktion beruhender, auf Erfahrung sich stützender Begriff sei. Die Erfahrung, die ja nur Thatsachen liefert, zeigt uns, wie auf gewisse Erscheinungen beständig andere in derselben Reihe folgen, und hieraus bilde sich durch die Gewohnheit, solche Erscheinungen mit einander eintreten zu sehen, der Causalitätsbegriff, der uns also über den notwendigen Zusammenhang zwischen Ursache und Wirkung auch nicht das mindeste aussagt. Der objektive, allgemein notwendige Zusammenhang ist, weil ein gewohnheitsmässiger, faktisch in Abrede gestellt und der Lockesche Empirismus zum Scepticismus umgewandelt.

David Hume brachte hierdurch nach Kant kein Licht in diese Art von Erkenntniss, aber er schlug doch einen Funken, bei welchem man ein Licht hätte anzünden können, wenn es einen empfänglichen Zunder getroffen hätte. (Prolegomena, Einleitung.) Die Notwendigkeit und strenge Allgemeinheit der Begriffe aus der Erfahrung ist, weil gewohnheitsmässig, faktisch in Abrede gestellt; Erfahrung also, als die in notwendigem Zusammenhange stehenden Wahrnehmungen, in der That unmöglich gemacht. Gleichwohl finden wir in der Mathematik besonders, ebenso in der Naturwissenschaft und Metaphysik synthetische, die Erfahrung erweiternde Sätze, die mit strengster Notwendigkeit und Allgemeinheit gelten. Woher kommen diese nun, und wie ist somit überhaupt reine Mathematik, wie ist reine Naturwissenschaft, wie Metaphysik möglich? Aus der Erfahrung können sie nicht abgeleitet sein, da diese keine strenge Notwendigkeit und Allgemeinheit liefert, folglich müssen sie aus der reinen Vernunft kommen, dort den Sitz ihrer Entstehung und Allgemeingültigkeit haben und die Erfahrung somit erst ermöglichen. Mit der Beantwortung dieser Fragen beschäftigen sich die Kritik der reinen Vernunft und die Prolegomena. Mathematik ist nur allein dadurch möglich, dass Raum und Zeit apriorische, vor der Erfahrung vorangehende Formen der Anschauung sind, auf welche gestützt, ihre Sätze mit strenger Notwendigkeit und Allgemeinheit gelten; Naturwissenschaft als die Wissenschaft von dem Inbegriff aller nach gewissen allgemeinen Gesetzen verknüpften Erscheinungen, allein dadurch, dass von der theoretischen Vernunft oder dem Verstande den Erscheinungsobjekten — denn die Welt der Dinge an sich bleibt uns ganz unbekannt — gewisse allgemeine Gesetze (Kategorien und daraus entspringende Grundsätze) vorgeschrieben werden, und so eine objektive Erfahrungswelt erst ermöglicht wird, innerhalb welcher aber die einzelnen konkreten Gesetze durch die Erfahrung gegeben werden. Metaphysik dadurch, dass die Thätigkeiten unseres Verstandes, seine apriorischen Formen und Begriffe, sowie die daraus resultierenden Grundsätze, von denen streng die Vernunftideen zu trennen sind, in systematischer Vollständigkeit dargestellt werden. —

Hier tritt schon mit voller Klarheit der charakteristische Moment der ganzen Kantschen Philosophie, die Betonung und Hervorhebung der subjektiven Seite gegenüber der objektiven hervor. Ehe wir aber an die Herleitung der subjektiven Formen und Gesetze (Kategorien und Grundsätze), die von dem Verstande der Natur vorgeschrieben werden, gehen, sei es uns gestattet, einen kurzen Blick auf seine psychologische Anschauung zu werfen, da diese mit der metaphysischen stets Hand in Hand geht. In den Paralogismen der reinen Vernunft, d. h. in einer Kritik der rationalen Psychologie zeigt Kant, wie die rationale Psychologie keineswegs befugt sei, aus dem einfachen Bewusstsein, der empirischen Thatsache. „Ich denke" darauf zu schliessen, dass die Seele 1) Substanz 2) ihrer Qualität nach einfach 3) den verschiedenen Zeiten nach, in welchen sie da ist, numerisch identisch (d. i. Einheit nicht Vielheit) 4) im Verhältnisse zu möglichen Gegenständen im Raume sei, sondern dass durch dieses Ich oder Er oder Es (das Ding), welches denkt, nun nichts weiter, als ein transcendentales Subjekt der Gedanken vorgestellt werde, welches nur durch die Gedanken, die seine Prädikate sind, erkannt wird, und wovon wir abgesondert niemals den mindesten Begriff haben können.*) Durch die Analyse des Bewusstseins meiner selbst im Denken wird ebensowenig wie durch die logische Erörterung des Denkens irgend etwas in Ansehung der Erkenntniss meiner selbst als Objekt gewonnen. Die Qualität dieses intelligiblen Subjektes, ob es Substanz, ob es einfach sei, bleibt uns daher total unbekannt, und wir kennen nur die Aeusserung desselben, das Denken, dessen Formen aber einzig und allein die Bestimmung haben, die Erfahrung zu ermöglichen und keine Anwendung auf das intelligible Subjekt selbst erleiden. Ueber das essentielle Wesen der Seele als eines „Dinges an sich" vermag uns daher Kant ebenso wenig wie Locke etwas gewisses auszusagen. Unsere Erkenntniss erstreckt sich nur auf die durch innere Erfahrung erlangten Aeusserungen der Seelenthätigkeit im Denken, Fühlen, Wollen, weshalb der Seele zunächst ein Erkenntniss-, Gefühls-, Willens-

---

*) Kr. d. R. V. ed. Hartenstein p. 293—314.

Vermögen zukommt. Alles dasjenige nun, was das Moment der strengen Notwendigkeit und Allgemeinheit an sich trägt, kann durch Erfahrung nicht gewonnen sein, denn diese liefert diese beiden Bestimmungen nicht, folglich muss es immanent in der Seele vorhanden sein (cf. Drobisch, Ueber Locke, den Vorläufer Kant's: Zeitschrift für exakte Philosophie II. p. 5 ff.). Somit kommen auf allen drei Gebieten der Seele apriorische, von der Erfahrung unabhängige Thätigkeiten, Formen und Grundsätze zu.

Auf dem Gebiete der theoretischen Vernunft sind es die Formen der Anschauung, die Kategorien und die daraus entspringenden Grundsätze, die somit, weil die Sinnlichkeit nur die Materie der Erfahrung liefert, die verbindenden Synthesen und die einzig mögliche Bedingung sind, wie Erfahrung zu Stande kommen kann.

Auf dem Gebiete der praktischen Vernunft ist das apriorische Element der formale kategorische Imperativ: „Handle so, dass die Maxime deines Willens zugleich als Princip einer allgemeinen Gesetzgebung gelten könne," indem sich hierbei die Vernunft autonomisch gegen sich selbst erweist. Auf dem ästhetischen Gebiete, dem der Urtheilskraft, als dem mittleren zwischen theoretischer und praktischer Vernunft, welche sich auf das Gefühlsvermögen bezieht, endlich ist es der Zweckbegriff, welcher der Natur bei Bestimmung der einzelnen empirisch konkreten Gesetze vorgeschrieben wird.

Von diesem Gesichtspunkte ausgehend, behandelt Kant in der Kritik der reinen Vernunft nur die eine Aeusserung dieses intelligiblen Subjekts, das denkende Erkennen (Erkenntnissvermögen), dessen Getriebe und apriorisches Besitzthum zur Ermöglichung der Erfahrung darzulegen, ihm nun von wesentlichem Interesse war. Er unterscheidet vier zwar scharf von einander geschiedene, aber doch im Zusammenhange stehende Vermögen: die Sinnlichkeit, als das Vermögen der Seele von Aussen afficirt zu werden, somit jeglichen Erfahrungsstoff darzubieten, zugleich das Vermögen der Sinnlichkeitsformen, des Raumes und der Zeit. Den Verstand als das Vermögen der Begriffe und apriorischen Grundsätze; mitten inne zwischen beiden die Einbildungskraft als das Vermögen der allgemeinen Schemata, und endlich die Vernunft als das Vermögen der keinen konstitutiven, sondern blos regulativen Gebrauch zulassenden Ideen. Diese Vermögen, streng zusammengehörend, ähneln einem lebendigen Organismus, der nur allein im Stande ist, den durch die Sinnlichkeit gegebenen rohen Stoff der Erfahrung in immer höhern Formen aufnehmend, zuletzt eine vom Denken durchdrungene Erfahrungserkenntniss zu Stande zu bringen. Er beginnt seine Darstellung, indem er in seiner „transcendentalen Deduktion der reinen Verstandesbegriffe" nachweist (Kr. d. R. V. 1. Aufl. p. 92—110 cf. Kr. d. R. V. ed. Hartenstein Beilagen I. p. 609—631), wie zur Bildung von Erfahrungsbegriffen zunächst eine verbindende Thätigkeit vom Subjekt ausgehen muss, um das durch die Sinnlichkeit gegebene Mannigfaltige der Anschauung zur Einheit des Bewusstseins zu bringen. „Damit aus diesem Mannigfaltigen Einheit der Anschauung werde (wie etwa in der Vorstellung des Raums), so ist erstlich das Durchlaufen der Mannigfaltigkeit und die Zusammennehmung desselben notwendig, welche Handlung ich die Synthesis der Apprehension nenne, weil sie geradezu auf die Anschauung gerichtet ist, die zwar ein Mannigfaltiges darbietet, dieses aber als ein solches, und zwar in einer Vorstellung enthalten, niemals ohne eine dabei vorkommende Synthesis bewirken kann (p. 612 bei Hartenstein). Innig mit der Synthesis der Apprehension verbunden ist die Synthesis der Reproduktion, die er als zweite transcendentale Handlung des Gemüts darlegt. Er sagt (p. 613 bei Hartenstein) „Nun ist offenbar, dass, wenn ich eine Linie im Gedanken ziehe, oder die Zeit von einem Mittag znm andern denke, oder auch nur eine gewisse Zahl mir vorstellen will, ich erstlich notwendig eine dieser mannigfaltigen Vorstellungen nach der andern in Gedanken fassen müsse. Würde ich aber die vorhergehende (die ersten Theile der Linie, die vorhergehenden Theile der Zeit oder die nach einander vorgestellten Einheiten) immer aus den Gedanken verlieren und sie nicht reproducieren, indem ich zu den folgenden fortgehe, so würde niemals eine ganze Vorstellung und keiner aller genannten Gedanken, ja gar nicht einmal die reinsten und ersten Grundvorstellungen von Raum und Zeit entspringen können." Ferner weist Kant 3) nach, wie Erkenntniss überhaupt nur möglich sei durch Recognition der Objekte im Begriffe. „So dient der Begriff vom Körper nach der Einheit des Mannigfaltigen, welches durch ihn gedacht wird, unserer Erkenntniss äusserer Erscheinungen zur Regel. Eine Regel der Anschauung kann er aber nur dadurch sein, dass er bei gegebenen Erscheinungen die notwendige Reproduktion des Mannigfaltigen derselben, mithin die synthetische Einheit in ihrem Bewusstsein vorstellt" (p. 616 bei Hartenstein.) Es handelt sich nun aber weiter um die die Erfahrung bedingenden subjektiven, apriorischen Formen, von denen er gezeigt hat, dass durch sie allein Mathematik, Naturwissenschaft, Metaphysik, weil die Momente der Allgemeinheit und Notwendigkeit enthaltend, möglich sei. Zu diesem Zwecke unternimmt es Kant, einen Erfahrungsbegriff zu analysieren. „Dass alle unsere Erkenntniss mit der Erfahrung anfange, sagt er in der Einleitung zur Kr. d. R. V. ed. Hartenstein, daran ist gar kein Zweifel; denn wodurch sollte das Erkenntnissvermögen sonst zur Ausübung erweckt werden, geschähe es nicht durch Gegenstände, die unsere Sinne rühren und theils von selbst Vorstellungen bewirken, theils unsere Verstandesthätigkeit in Bewegung bringen, diese zu vergleichen, sie zu verknüpfen oder zu trennen, und so den rohen Stoff sinnlicher Eindrücke zu einer Erkenntniss der Gegenstände verarbeiten, die Erfahrung heisst. Wenn aber gleich alle Erkenntniss mit der Erfahrung. anhebt, so entspringt sie darum doch nicht eben alle aus der Erfahrung" (Einleitung p. 36). „Lasset nämlich von eurem Erfahrungsbegriffe eines Körpers, so fährt er p. 39 fort, Alles, was daran empirisch ist, nach und nach weg: die Farbe, die Härte, die Weiche, die Schwere, die Undurchdringlichkeit, so bleibe doch der Raum übrig, den er (welcher nun ganz verschwunden ist) einnahm, und den könnt ihr nicht weglassen. Ebenso, wenn ihr von eurem empirischen Begriff eines jeden körperlichen oder nicht körperlichen Objekts alle Eigenschaften weglasst, die euch die Erfahrung lehrt, so könnt ihr ihm doch nicht diejenige nehmen, dadurch ihr es als Substanz oder einer Substanz anhängend denkt (obgleich dieser Begriff mehr Bestimmung enthält als der eines Objekts überhaupt.) Ihr müsst also, überführt durch die Notwendigkeit, womit sich dieser Begriff euch aufdringt, gestehen, dass er in eurem Erkenntnissvermögen a priori seinen Sitz habe." Ein Zweifaches hatte sich ihm durch diese Analyse ergeben, einmal, dass die Vorstellung des Raumes und mit ihr als Zwillingsbruder, die der Zeit, a priori im Gemüte ihren Sitz habe, und dann ebenso gewisse, die Erfahrung bedingende Erkenntnissformen oder Begriffe. Sinnlichkeit und Verstand sind somit die beiden streng von einander getrennten Faktoren aller unserer Erkenntniss und gehören, um selbige zu Stande zu bringen, unzertrennlich zu einander. In seiner transcendentalen Aesthetik beweist er nun, wie Raum und Zeit keine diskursiven, von der Erfahrung abgeleiteten Begriffe, sondern notwendige Anschauungsformen des erkennenden Subjekts seien, die vor aller Erfahrung vorangehen müssten, um die Erfahrung erst möglich zu machen. Das Resultat der transcendentalen Aesthetik ist, dass Raum und Zeit als Formen des anschauenden und erkennenden Subjekts, empirische Realität aber transcendentale Idealität haben, d. h. die Dinge an sich, die uns ganz und gar unbekannt bleiben, gar nichts angehen, sondern nur für die Objekte der Erscheinungswelt Gültigkeit haben. Somit waren die ersten aprioristischen Elemente, die Formen der Sinnlichkeit gefunden. Es handelte sich nun um die Herleitung der ebenso gewissen aprioristischen Begriffe, die als Funktionen des Intellekts, im Verstande ihren Sitz haben müssen. Kant recurriert hierbei auf die Urtheile, die als Funktionen des Intellekts Einheit unter unsern Begriffen zu Stande bringen. Dieselben Geistesaktionen, die das Subjekt als denkende Intelligenz bei der Bildung von Urtheilen vollzieht, dieselben vollzieht es auch bei der Bildung von Stammbegriffen; diese Funktionen sind beide Male dieselben, und somit werden gerade so viele Kategorien, d. h. auf Begriffe gebrachte Funktionen (Verbindungsweisen des denkenden Intellekts) entstehen, als wie viele Urtheile da sind. Wir finden nun, dass die Funktion des Denkens unter vier Titel mit je drei Momenten gebracht werden können,*) d. h. dass die Urtheile sich uns darstellen als Urtheile der Quantität, Qualität, Relation, Modalität, und somit wird es ebenso viele, also zwölf reine Stammbegriffe des reinen Verstandes geben, welche a priori auf Gegenstände der Erfahrung und Anschauung gehen. Hiermit ist nun auch der zweite Faktor unserer Erkenntniss, der Verstand gefunden und aus einem feststehenden Grundprincip, dem Vermögen zu urtheilen, mit Notwendigkeit hergeleitet. Erscheinungsobjekte als Produkte der Sinnlichkeit und Kategorien als Produkte des Verstandes sind aber völlig ungleichartig. Damit es nun möglich werde, die reinen Verstandesbegriffe (Kategorien) auf Erscheinungen anzuwenden, dazu dienen die transcendentalen Schemata, die eine vermittelnde Stellung zwischen Sinnlichkeit und Verstand einnehmend, theils sinnlich, theils intellektuell den Uebergang von Sinnlichkeit zu Verstand bilden und so eine Subsumtion der sinnlichen Erscheinungsobjekte unter die Kategorien ermög-

---

*) Kr. d. R. V. ed. Hartenstein p. 100.

lichen. Diese Schemata, Produkte der Einbildungskraft, beziehen sich auf alle vier Kategorien, sind nichts als Zeitbestimmungen a priori nach Regeln und gehen nach der Ordnung der Kategorien auf die Zeitreihe (Zahl), Zeitinhalt, Zeitordnung und Zeitinbegriff. Aus der Anwendung dieser reinen Verstandesbegriffe zu synthetischen Urtheilen ergeben sich nun endlich noch die Grundsätze des reinen Verstandes, die nach der Anordnung der Kategorientafel hergeleitet, nach dem Momente der Quantität Axiomen der Anschauung (alle Anschauungen sind extensive Grössen); nach dem Momente der Qualität Anticipationen der Wahrnehmung: (in allen Erscheinungen hat das Reale, was ein Gegenstand der Empfindung ist, intensive Grösse, d. i. einen Grad); nach dem Momente der Relation Analogien der Erfahrung, als der in notwendiger Verknüpfung vorgestellten Wahrnehmungen, (und zwar in dreifacher Gestalt: 1) Bei allem Wechsel der Erscheinung beharrt die Substanz und das Quantum derselben wird in der Natur weder vermehrt noch vermindert; 2) Alle Veränderungen geschehen nach dem Gesetze der Verknüpfung der Ursache und Wirkung; 3) Alle Substanzen, sofern sie im Raume als zugleich wahrgenommen werden können, sind in durchgängiger Wechselwirkung); nach dem Momente der Modalität endlich Postulate des empirischen Denkens sind: 1) Was mit den formalen Bedingungen der Erfahrung (der Anschauung und den Begriffen nach) übereinkommt, ist möglich; 2) Was mit den materialen Bedingungen der Erfahrung (der Empfindung) zusammen — hängt, ist wirklich; 3) Dessen Zusammenhang mit dem Wirklichen nach allgemeinen Bedingungen der Erfahrung bestimmt ist, ist (existirt) notwendig. —

Dies ist nun der Vorrat, den unser Intellekt unabhängig von aller Erfahrung besitzt, die beiden Anschauungsformen von Raum und Zeit, als apriorische Formen der Sinnlichkeit, die zwölf Kategorien und die daraus entspringenden Grundsätze als apriorische Formen des

Verstandes, die der Verstand als allgemeine Gesetze den Erscheinungsobjekten vorschreibt. Erfahrung kommt nun allein so zu Stande, dass durch unsern Intellekt das, was vermöge der Affectionen der Sinnlichkeit durch die objektive Aussenwelt gegeben ist, also die subjektiven Empfindungsqualitäten durch die Funktionen der Synthesis, Reproduktion, Recognition in Erscheinungsobjekte vereinigt, in Raum und Zeit angeschaut und mit Hülfe der Kategorien und allgemeinen Grundsätze zu einer fest organisierten, in notwendiger und allgemeinem Zusammenhange stehenden Erfahrungswelt vereinigt werden. Somit haben die Kategorien keinen andern Gebrauch als lediglich zum Zweck der Erfahrung, dieselbe möglich zu machen. Die Dinge an sich, die der Welt der Dinge zu Grunde liegen, bleiben uns gänzlich unbekannt und über sie lässt sich vermöge unseres Erkenntnissvermögens nichts aussagen; denn auch die Empfindungsqualitäten, die auf Affektion unserer fünf Sinne durch die Aussenwelt beruhen, sind ja nur subjektiv und vermögen uns über die wahre Beschaffenheit der Dinge nichts auszusagen. Nehmen wir somit den einen Faktor unserer Erkenntniss, nähmlich unsere subjektive Intelligenz hinweg, so schwindet das ganze empirische Anschauungsbild vollkommen. Versucht nun aber unsere Vernunft, mit den ihr lediglich zum Zwecke der Erfahrung zu Gebote stehenden Mitteln über die die Erfahrung übersteigenden transcendenten Vernunftideen, die Seele, die Welt, als Inbegriff aller Erscheinungen, und Gott, als den Urgrund aller Dinge, etwas auszusagen, so gerät sie notwendiger Weise in dialektischen Schein und Widersprüche, die nun Kant in dem zweiten Theil der Kritik aufdeckt und widerlegt. Die Wissenschaft aber, deren Endabsicht mit aller ihrer Zurüstung eigentlich nur auf die Auflösung derartiger Probleme, wie Gott, Freiheit, Unsterblichkeit, gerichtet ist, heisst Metaphysik, deren Verfahren im Anfange dogmatisch ist, d. i. die ohne vorangehende Prüfung des Vermögens oder Unvermögens der Vernunft zu einer so grossen Unternehmung zuversichtlich die Ausführung übernimmt.*) Da nun grade darin der Hauptfehler des Dogmatismus liegt, und da Kant gezeigt hat, dass die apriorischen Anschauungs- wie Denkformen unseres Intellekts lediglich zum Zweck der Erfahrung dasind, während sie auf transcendente Ideen angewandt nur dialektischen Schein hervorrufen, diese Vernunftideen überhaupt keinen konstitutiven, sondern nur einen regulativen Gebrauch zulassen, so ist nach ihm Metaphysik die Wissenschaft aller reinen Vernunftprincipien aus blossen Begriffen in Bezug auf das theoretische Erkennen aller Dinge, also kurz, die Wissenschaft von den aprioristischen Erkenntnissformen aller Dinge**)

Das Resultat der Kantischen Philosophie also ist: Zu unserer sinnlichen Erkenntniss gehört ein zweifaches einmal die Welt der Dinge, dann unser intellektueller Faktor, der sich trennt in die beiden Gebiete der Sinnlichkeit und des Verstandes; beide enthalten aprioristische Elemente, die Sinnlichkeit die Anschauungsformen von Raum und Zeit, der Verstand die Kategorien und Grundsätze als Funktionen des Intellekts. Die Materie aller unserer Erkenntniss wird uns gegeben durch die subjektiven Empfindungsqualitäten, hervorgerufen durch die Affektionen unserer Sinne durch die Dinge. Diese werden nun durch die immanenten seelischen Funktionen zu Erscheinungsobjekten vereinigt und durch die allgemeinen Gesetze (Kategorien und Grundsätze), die der Verstand der Erscheinungswelt vorschreibt, zu dem organischen Ganzen einer streng notwendigen Erfahrungswelt vereinigt, während die intelligible Welt, die Welt der Dinge an sich, uns total unbekannt bleibt. —

---

*) Kr. d. R. V. ed Hartenstein, Einleitung III. p. 40 ff.
**) Kr. d. R. V. ed. Hartenstein p. 596.

II.

Sehen wir nun zu, wie weit die Resultate der Kantischen Philosophie von der heutigen Naturwissenschaft, Physik und Physiologie bestätigt oder widerlegt werden. Von vornherein halten wir an der unleugbaren Thatsache fest, dass alle unsere Erkenntniss das Resultat sei aus zwei Faktoren, der Objektivität und der Subjektivität, die sich fortwährend einander bedingen und voraussetzen, sodass, wenn einer von beiden hinweggenommen wird, sofort das ganze empirische Anschauungsbild schwindet. Helmholtz sagt in seiner physiologischen Optik:*) „Unsere Anschauungen und Vorstellungen sind Wirkungen, welche die angeschauten und vorgestellten Objekte auf unser Nervensystem und unser Bewusstsein hervorgebracht haben. Jede Wirkung hängt ihrer Natur nach ab ganz notwendig sowohl von der Natur des Wirkenden, als von der desjenigen, auf welches gewirkt wird. Eine Vorstellung verlangen, welche unverändert die Natur des Vorgestellten wieder gäbe, also im absoluten Sinne wahr wäre, würde heissen, eine Wirkung verlangen, welche vollkommen unabhängig wäre von der Natur desjenigen Objekts, auf welches eingewirkt wird, was ein handgreiflicher Widerspruch wäre. So sind also unsere menschlichen Vorstellungen, und so werden alle Vorstellungen irgend eines intelligenten Wesens, welches wir denken können, Bilder der Objekte sein, deren Art wesentlich mit abhängt von der Natur des vorstellenden Bewusstseins, und von deren Eigenthümlichkeiten mit bedingt ist." Die totale generelle Verschiedenheit und völlige Unvergleichbarkeit ferner zwischen den physischen Processen und den psychischen, welche Lotze in seiner medi-

---

†) Helmholtz, physiolog. Optik III. p. 442 fl.

cinischen Phychologie dargethan hat,*) nötigt uns, den subjektiven Faktor noch näher zu bestimmen und von dem geistigseelischen Process den total verschiedenen physischen Nervenprocess unserer Nervenapparate abzusondern, welcher mit den Faktoren der Aussenwelt in ununterbrochener Relation stehend, das geistige Princip in uns anregt, unter sich wieder total unvergleichbare Empfindungen (bewusste Qualitäten), Gefühle der Lust und Unlust, und endlich Willensimpulse zu erzeugen, die mit den physischen Nervenprocessen nichts gemein haben. Zurückschliessend also aus den Datis der Erfahrung, den Empfindungen, Gefühlen, Willensimpulsen und der unleugbaren Thatsache der Einheit des Bewusstseins bei allem Wechsel der geistigen Elemente**) müssen wir als ein Postulat unseres Denkens neben der physisch materiellen Seite unseres Daseins, die zur Körperwelt gehört, und so gut wie die Objekte der Aussenwelt ein Phänomen unseres Bewusstseins ist, noch ein geistiges Princip in uns annehmen, dessen Qualität uns zwar unbekannt, dem wir aber im Allgemeinen zunächst eine Erregbarkeit von aussen und eine Selbstthätigkeit von innen zuschreiben müssen, das, angeregt von aussen aus sich bewusste Qualitäten (Empfindungen), bewusste Zustände von Lust und Unlust (Gefühle), bewusste Impulse des Wollens, die gegenseitig im innigsten Zusammenhange stehen, erzeugt und hierdurch zunächst zum Bewusstsein vom Subjekt und endlich zur totalen Einheit des Bewusstseins gelangt. Die Faktoren unserer sinnlichen Erkenntniss sind somit zunächst als metaphysischer Art unseres Weltbildes gewissermassen ein immaterielles geistiges Princip, eine Seele, mit der Fähigkeit, Empfindungen aus sich zu erzeugen und nach immanenten, intellektuellen Funktionen (Thätigkeitsweisen) dieselben zur Totalanschauung des Weltbildes zu gestalten; und

---

*) Lotze, medicinische Psychologie I. Cap. 2. 3. p. 66 –171.
**) Lotze, med. Psychol. I. C. 1. p. 9 –66.

dann unabhängig von ihr physische, theils organische, physiologische, theils physikalische Processe, welche letzteren in ununterbrochener Relation stehend die Seele zur Erzeugung der Empfindungen und Anschauungen veranlassen; ähnlich wie Dr. Otto Liebmann in seinem kritisch äusserst scharfen Buche: „Ueber den objektiven Anblick" von einem dreifachen Faktor des Anblicks, dem sensualen, intellektuellen und dem transcendenten spricht. Alle diese Faktoren der sinnlichen Erkenntniss sind vereinigt in der objektiven Anschauung, unter der wir, um mit Helmholtz zu sprechen,*) die von sinnlichen Empfindungen begleitete Wahrnehmung verstehen. Die objektive Gesichtsanschauung soll somit die Grundlage für unsere weitere Entwicklung sein, und ihre Analyse soll uns zeigen, was auf Rechnung jedes der einzelnen Faktoren kommt.

Damit eine solche zu Stande kommen könne, sind zunächst zwei Elemente erforderlich, der äussere Lichtreiz und ein Auge, auf welches derselbe wirkt: physikalische und organische Ursachen. Ueber die physikalischen Ursachen gibt uns die Physik Aufschluss, über die organischen die Physiologie. Erstere lehrt und zwar mit Hypothesen, die, wenn auch eine an die Gewissheit sich sehr annähernde, aber doch nur relative Wahrheit darbieten: Durch Schwingungen (Undulationen) eines unsichtbaren, äusserst feinen Stoffes, des Aethers, welche ihrer Grösse und Frequenz nach verschieden sind, pflanzt sich das Licht durch den Weltenraum fort. Mittelst des Prismas nun erkennen wir, dass das weisse Sonnenlicht, jenes unbekannte physische Agens, nicht einfach, sondern zusammengesetzt ist aus den Farben des Spektrums: Rot, Orange, Gelb, Grün, Blau, Violett, so dass also die verschiedenen Farben nichts als modificiertes Licht sind. Die körperlichen Objekte, als Systeme von Atomen, die

---

*) Helmholtz, physiolog. Optik III. p. 435.

sich gegenseitig festhalten und der allgemeinen Gravitation unterworfen sind, lassen nun entweder die einzelnen Lichtstrahlen hindurch, sind durchsichtig, oder halten sie auf, oder werfen sie endlich zurück, und dann hat der Körper die Farbe der jedesmal zurückgeworfenen Lichtstrahlen, die ihm dann als permanente Eigenschaften zukommen.*) Nun weist ferner die Physik nach (cf. Helmholtz, physiologische Optik, Abschnitt II), dass auch nicht alle Aetherwellen lichterzeugend sind, sondern dass die grössten von ihnen wesentlich Wärmeempfindungen hervorrufen, während nur die Aetherschwingungen von mittlerer Grösse Lichtempfindungen hervorrufen, und unter diesen von mittlerer Grösse wieder nur die grössten die Empfindung rot, andere violett, noch andere grün. Hieraus folgt also, dass die Farben, sowie die Lichtgrade, Helligkeit und Dunkelheit, nicht etwas am Objekte selbst Haftendes sind, sondern dass sie modificiertes Licht sind, hervorgerufen durch die vom Object reflektierten Lichtstrahlen, die unser Auge afficieren und uns den Gegenstand als verschiedenfarbig erscheinen lassen, während sie uns über die objektive Beschaffenheit des vom Lichte getroffnen Körpers gar nichts aussagen. Unsere Gesichtswahrnehmungen enthalten demgemäss auch nichts weiter, als in verschiedenen Formen gestaltete, verschiedene Licht-Farbenempfindungen.

Damit jedoch dieses verschiedene Licht zu verschiedenen Farbenempfindungen wird, dazu gehört ein Auge, auf welches dasselbe einwirkt, der organische Faktor der Sinnlichkeit. Fünf von einander verschiedene Sinneswerkzeuge oder Apparate besitzt unser Körper, die der Seele durch physische Nervenprocesse Erregungen zuführen und sie so veranlassen, fünf von einander generell verschiedene Qualitäten oder Bewusstseinszustände zu erzeugen. Jeder dieser Nervenapparate führt der Seele

---

*) Liebmann, objektiver Anblick § 5. p. 43 ff., cf. p. 56.

nur eigenartige Erregungen zu und nötigt sie so, jedesmal nur Empfindungen einer ganz eigenartigen, bestimmten Klasse zu erzeugen, das Auge also nur immer zu Lichtempfindungen, das Ohr zu Tonempfindungen.*) Das Auge, ein solcher physischer Nervenapparat, wird von Helmholtz in seiner physiologischen Optik und in der Abhandlung „Neuere Fortschritte in der Theorie des Sehens" (cf. Liebmann) mit einer camera obscura verglichen, das die von einem Körper zurückgeworfenen Lichtstrahlen empfängt; durch sie veranlasst wird auf der Retina ein Bildchen gezeichnet, das im Vergleich zum äussern Objekte in umgekehrter Stellung sich befindet. Alle Lichtstrahlen, die von aussen eintreten, müssen, bevor sie zur Retina gelangen, die durchsichtige Hornhaut, die wässrige Feuchtigkeit, die Linse, den Glaskörper durchdringen und werden hier zu verschiedenen Malen gebrochen. Hinter dem Glaskörper befindet sich die Retina, in welche vom Gehirn her der Sehnerv eintritt, und zwar so, dass die unmittelbaren Verzweigungen des Sehnerven auf der Retina den dunklen, für den Lichtreiz unempfindlichen Fleck bilden. Grade der Pupille gegenüber befindet sich ferner der andere kleine gelbe Fleck (macula lutea), welcher die für den Lichtreiz empfindlichste Stelle der Retina, die Stelle des deutlichsten Sehens ist. Die oberste Schicht der Retina, auf welche das Bildchen fällt, und besonders die Stelle des deutlichsten Sehens, enthält zahllose feine Endorgane, die Stäbchen und Zapfen, die sich dem Licht- und Farbenreize entgegenstrecken. Sie enden in einzelnen Sehnervenfasern, die nun den empfangenen Reiz und Eindruck isoliert zum Gehirn fortpflanzen. Gemäss der Young-Helmholtz'schen Ansicht gibt es nun dreierlei Arten von Stäbchen und Sehnervenfasern. Reizung der

---

*) Liebmann, objektiver Anbl. § 3. p. 30 ff., cf. Johannes Müller, vergleichende Physiologie des Gesichtssinnes. Helmholtz, physiolog. Optik § 17. Lotze, med. Psych. § 17.

ersten erregt die Empfindung rot, Reizung der zweiten die des grünen, Reizung der dritten die Empfindung des violetten. Ausserdem muss angenommen werden, dass jede Spektralfarbe alle drei Arten von Fasern erregt, aber die einen schwach, die andern stark; gleich starke Erregung aller drei Faserarten gibt die Empfindung des weissen.*) „Ist nun also ein ganzes optisches Bild auf der Netzhaut entworfen, sagt Helmholtz in der Abhandlung „Neuere Fortschritte etc. p. 10 ff., so wird jeder Zapfen der Netzhaut nur von dem Lichte getroffen, welches ein entsprechendes kleines Flächenelement des Gesichtsfeldes aussendet; die aus dem Zapfen entspringende Nervenfaser wird also nur von dem Lichte dieses einen entsprechenden Flächenelementes in Erregung gesetzt und empfindet nur dieses, während durch das Licht benachbarter Punkte des Gesichtsfeldes andere Nervenfasern erregt werden. Auf diese Weise geschieht es also, dass das Licht jedes einzelnen hellen Punktes des Gesichtsfeldes für sich eine besondere Empfindung erregt, dass die gleiche oder verschiedene Helligkeit verschiedener Punkte des Gesichtsfeldes in der Empfindung unterschieden und auseinander gehalten werden kann und dass diese verschiedenen Eindrücke alle gesondert zum Bewusstsein gelangen können." Ein äusserer Lichtreiz also wirkt auf das Auge; dadurch werden zunächst in den Stäbchen und Zapfen der Retina Veränderungen hervorgerufen, und diese werden dann von den Sehnervenfasern einzeln bis zum Centralorgan, dem Gehirn, geleitet. Erst indem diese Erregung der Sehnervenfasern nun die Seele zur Reaktion nötigt, wird in ihr durch diese Stimulation die entsprechende Empfindung wach gerufen. Lotze beschreibt diesen Vorgang

---

*) Liebmann, objektiver Anblick § 5. p. 57 ff., cf. Helmholtz, physiolog. Optik § 20.

sehr genau.*) Er nimmt sechs verschiedene Stufen oder Glieder an, welche von einander verschiedene Bedingungen für die Sinnesempfindung sind: das erste Glied der Kette ist der äussere mechanische, physische Reiz, ein physischer Bewegungsprocess, der ausserhalb der Grenzen des animalischen Organismus auf ein für ihn empfängliches und eigens disponiertes Sinnesorgan wirkt. Hierauf folgt als zweites Glied eine physische Veränderung in dem Zustande oder der Thätigkeit des Sinnesorgans, auf welches gewirkt wird. Die Wirkung des äussern Reizes erlangt nun 3) ein empfängliches Nervenende und erregt in ihm eine Thätigkeit, den empfindungserzeugenden Nervenprocess. 4) Dieser Nervenprocess wird weiter durch die ganze Länge des Nerven mit einer gewissen messbaren Geschwindigkeit zum Gehirn hingeleitet. 5) Dort angelangt, irritiert dieser Nervenprocess auf eine uns total unbekannte Weise das geistige Princip, die Seele, und ruft nach Lotze einen vielleicht unbewussten Seelenzustand hervor, dem endlich als 6. Glied das bewusste Empfinden einer einfachen Sinnesqualität, Farbe, Ton, Geruch, Geschmack folgt und vom Subjekte percipirt wird. Diese physischen Nervenprocesse werden von Dubois-Reymond in seinem Buche „Untersuchungen über thierische Elektricität" als galvanische Strömungen bezeichnet, die fortwährend die Sinnesnerven, auch im unthätigen Zustande, durcheilen. So wenig wie sie mit den physischen Processen verglichen, geschweige identisch gesetzt werden können, so deutlich ist doch auch, dass jedes Mal von dem physischen Nervenprocesse aus zu dem psychischen Processe der Empfindung, ein bis jetzt noch unausgefüllter Sprung stattfindet. Aehnliche Vorgänge natürlich, wie wir sie hier beim optischen Apparate, dem Auge, kennen gelernt haben, finden bei den

---

*) Lotze, med. Psychol. II, § 16. p. 173—181., cf. Liebmann. objektiver Anblick p. 28 ff.

übrigen Sinnesnervenapparaten statt, woraus mit Sicherheit hervorgeht, dass alle unsere Empfindungen, Farben, Töne etc. nur subjektiv zunächst und isolirt von der Seele hervorgerufen werden. Das Wichtigste hierüber hat Krause bereits, speciell auch über die vier anderen Sinne, in seiner „Lehre von dem Erkennen und der Erkenntniss" ed. von H. K. v. Leonhardi unter dem Abschnitt „Aeusserlich-sinnliche Erkenntniss p. 263—323. dargethan. Von hieraus ergeben sich mit zwingender Notwendigkeit die weiteren Konsequenzen: So weit der Antheil der physisch-organischen Processe bei der Bildung der Gesichtswahrnehmung; was nun folgt, gehört auf Rechnung des intellektuellen, seelischen Faktors. Erfolgte nämlich nichts weiter, so würden wir uns immer nur einzelner isolierter, augenblicklicher Empfindungen bewusst werden, und zwar stets nur innerhalb unserer selbst. Wie entsteht nun aus diesen isolierten Farbenempfindungen innerhalb unserer ein objektives Bild ausserhalb unserer, das wir anschauen, d. h. wie kommen unsere Empfindungen in uns ausser uns hinaus und werden zu gestalteten Objektsbildern ausserhalb unserer? Wie entspringt aus diesen einzelnen sinnlichen Anschauungen ferner ein Erfahrungsbild, und wie vermögen wir uns mit diesen Erfahrungsbildern in der objektiven Welt zurecht zu finden? Der äussere Reiz sammt der Sinnlichkeit hatte uns immer einzelne isolierte Empfindungen verursacht; es muss also hier noch ein Etwas hinzutreten, und dieses wird die spontane Thätigkeit der Seele sein, der intellektuelle Faktor, wie es Liebmann nennt.*) Zunächst ist es eine unleugbare Thatsache, dass wir beim Sehen nicht einzelne Empfindungen sehen, sondern Bilder von Objekten, bestehend aus so und so viel einzelnen Farben — also Empfindungsqualitäten.

---

*) Liebmann, objektiver Anblick II, § 6—8.

Ist es nun wahrscheinlich, dass in einem einzigen Zeitpunkte die Seele immer nur eine Qualität auffassen kann, dass sie mithin, um ein ganzes Bild, bestehend aus vielen Qualitäten, aufzufassen, Zeit brauchen und das ganze Bild durchlaufen müssen wird, so folgt daraus, dass beim Sehen von der Seele die Summe der einzelnen (gleichzeitigen) Netzhautempfindungen in das Bild eines einzelnen anschaulichen Objekts vereinigt, und so zum Bewusstsein gebracht wird. Diese Synthesis des Manigfaltigen gegebener gleichzeitiger Eindrücke vollzieht die Seele fortwährend unbewusst. Doch nicht die gleichzeitigen Sinneseindrücke werden beim Anschauen in einzelne Gesammtvorstellungen vereinigt, sondern die augenblicklich gegenwärtigen Anschauungen werden auch mit vergangenen, die gegenwärtig nicht mehr empfunden werden, vereinigt und verknüpft. Dies ist aber nur dadurch möglich, dass die empfundenen Qualitäten und Anschauungsbilder beim Aufhören des Reizes und der Empfindung nicht verloren gehen, sondern fortdauern und fort und fort reproduciert werden, um mit den folgenden Bildern in das Gemeinschaftliche eines einzigen vereinigt werden zu können. Neben der Synthesis des Manigfaltigen müssen wir also die Fähigkeit des Aufbewahrens und der Reproduktion als eine für die Entstehung des Anschauungs- und Erfahrungsbildes unumgängliche zweite Seelenfunktion anerkennen, wenn anders unsere Erkenntniss nicht eine Augenblickserkenntniss der untheilbaren Gegenwart bleiben soll.

Doch wir haben diese Eindrücke und Anschauungen nicht immer alle gleichzeitig im Bewusstsein; ein ewiger Wechsel findet zwischen ihnen statt; wir sehen, dass eine eben ins Bewusstsein eintretende Anschauung eine in der Erinnerung aufbewahrte gleiche Vorstellung hervorruft, diese wiedererweckt, und dass die Seele diese beiden als identisch erkennt oder im Gegentheil als theilweise oder ganz verschieden. Wir erkennen hieraus einen dritten seelischen Akt, den der Recognition, auf welchem ein grosser Theil unserer Urtheile beruht und die Möglichkeit der Orientirung in der objektiv vorhandenen Welt. Endlich, wenn wir sehen, wie von zwei total ungleichartigen Vorstellungen im Falle der Wiedererweckung der einen auch die andere mit ins Bewusstsein gezogen wird, so müssen wir, hierdurch veranlasst, noch eine vierte reale Funktion der Seele anerkennen, die der Association, vermöge deren ungleichartige Empfindungsbilder mit einander vereinigt, combiniert werden, und im Falle der Wiedererweckung auch mit einander wiedererweckt werden. Diese vier mit einander in Verbindung stehenden Funktionen unseres seelischen Erkenntnissvermögens, von Aussen her angeregt und bestimmt, bewirken nun, dass wir nicht einzelne Empfindungen wahrnehmen, sondern Empfindungskomplexe, Anschauungsbilder von Objekten in bestimmten Gestalten, unter einander in Verbindung gesetzt und zu dem Totalbilde einer empirisch konkreten Welt verwoben. Dass diesen vier realen Funktionen der Seele zunächst, damit Einzelempfindungen und Empfindungscomplexe (Bilder) zu Stande kommen können, ein Hingerichtetsein, Aufmerksamkeit der Seele auf den Reiz vorangehen müsse, ist wohl von selbst einleuchtend, da uns die tägliche Erfahrung lehrt, dass wir nur den kleinsten Theil von dem uns gleichzeitig Erregenden im Bewusstsein erfassen, während der bei weitem grösste Theil uns entgeht.

Bis jetzt jedoch sind alle diese Bilder nur noch subjektive Zustände unserer empfindenden Seele. Wir würden zu dem Bewusstsein einer von uns getrennten Welt, eines mundus praeter nos niemals kommen, wenn nicht die Seele ebenso aprioristisch, wie die vorher besprochenen Funktionen, die Funktionen der Kausalität und Substantialität vollzöge. Was die Seele zunächst empfindet, sind ja nur ihre eignen innern Zustände. Dabei würde es aber immer verbleiben, würde sie nicht veranlasst, vermöge der Funktion der Kausalität auf eine von ihr verschiedene Ursache der Empfindung zu schliessen.

Nur dadurch allein kommt die Seele zu dem Bewusstsein einer Welt neben ihr, die unabhängig von ihr besteht, und von der sie sich als ein eignes geistiges Wesen getrennt weiss. Ferner ist es offenbar unserer Seele nicht anders möglich, irgend welche Qualität als realiter, wirklich vorhanden aufzufassen, als dadurch allein, dass sie sie irgend welchem subsistierenden Etwas inhärieren lässt, d. h. durch Anwendung der Funktion der Substantialität auf ein von ihr getrenntes Etwas schliesst, dem diese Qualitäten inhärieren. So erst bestehen alle diese subjektiven Qualitäten, rot, gelb, süss, sauer, warm an einem Etwas, einem von dem Subjekt getrennten Objekt, und nun erst heisst es: Ich sehe etwas Rotes, Gelbes, ich schmecke etwas Süsses, während es vorher heissen musste: Ich sehe rot, gelb, ich schmecke süss, sauer etc.

Wir sehen also, dass alle diese Seelenfunktionen die alleinige Bedingung sind für die Möglichkeit einer von der Seele und dem Subjekt getrennten, objektiven, empirischen Weltauffassung.*) Vor allem bestätigt dies Helmholtz in seinen Schriften. Mit unzweifelhafter Gewissheit spricht er von notwendigen psychischen Thätigkeiten, vermöge deren einzig und allein objektive Anschauungen und Vorstellungen entstehen können; er nennt sie unbewusste Thätigkeiten und vergleicht sie mit unbewussten Analogieschlüssen. „Die psychischen Thätigkeiten," sagt er,**) „durch welche wir zu dem Urtheil kommen, dass ein bestimmtes Objekt von bestimmter Beschaffenheit an einem bestimmten Orte ausser uns vorhanden sei, sind im allgemeinen nicht bewusste Thätigkeiten, sondern unbewusste. Sie sind in ihrem Resultate einem Schlusse gleich, in sofern wir aus der beob-

---
*) Liebmann, objektiver Anblick § 8 p. 88—120. cf. Krause, Lehre von dem Erkennen und der Erkenntniss p. 262—323 und spec. p. 282—284 und Ruete, über die Existenz der Seele p. 32—90.
**) Helmholtz, physiol. Opt. III. § 26 p. 430, cf. p. 427 ff. 448 ff. „Neuere Fortschritte in der Theorie des Sehens" p. 77.

achteten Wirkung auf unsere Sinne die Vorstellung von einer Ursache dieser Wirkung gewinnen, während wir in der That direkt doch immer nur die Nervenerregungen, also die Wirkungen wahrnehmen können, niemals die äusseren Objekte. Indessen mag es erlaubt sein, die psychischen Akte der gewöhnlichen Wahrnehmung als unbewusste Schlüsse zu bezeichnen. Jene unbewussten Analogieschlüsse treten aber ferner, eben weil sie nicht Akte des freien bewussten Denkens sind, mit zwingender Notwendigkeit auf und ihre Wirkung kann nicht durch Einsicht in den Zusammenhang der Sache aufgehoben werden."

Ueber das Kausalgesetz als einer aprioristischen Funktion der Seele, sagt er*): „Besinnen wir uns über den Grund des Verfahrens (von Qualitäten auf Objekte zu schliessen) so ist es klar, dass wir aus der Welt unserer Empfindungen zu der Vorstellung von einer Aussenwelt niemals kommen würden, als durch einen Schluss von der wechselnden Empfindung auf äussere Objekte als die Ursachen dieses Wechsels: wenn wir auch, nachdem die Vorstellung der äusseren Objekte einmal gebildet ist, nicht mehr beachten, wie wir zu dieser Vorstellung gekommen sind, besonders darum, weil der Schluss so selbstverständlich erscheint, dass wir uns seiner als eines neuen Resultates gar nicht bewusst werden. Demgemäss müssen wir das Gesetz der Kausalität, vermöge dessen wir von der Wirkung auf die Ursache schliessen, als ein aller Erfahrung vorausgehendes Gesetz unseres Denkens anerkennen. Wir können zu keiner Erfahrung von Naturobjekten kommen, ohne das Gesetz der Kausalität schon in uns wirkend zu haben, es kann also auch nicht erst aus den Erfahrungen, die wir an Naturobjekten gemacht haben, abgeleitet sein."

---

*) Helmholtz, physiolog. Optik. III. § 26 p. 453. cf. p. 450, 452, 456.

Durch die bisher erwiesenen Seelenfunktionen sind wir aber erst genötigt und befähigt, eine von uns getrennte Welt, eine Welt praeter nos anzuerkennen, noch nicht eine Welt extra nos. In dem Gange unserer Erkenntnisstheorie waren wir ja so weit gekommen, dass wir sahen, die Seele stellt einzelne subjektive Qualitäten vor, verbindet diese zu Anschauungen und Vorstellungen durch spontane Funktionen, kommt vermöge der Denkfunktionen der Kausalität und Substantialität endlich zur Vorstellung einer neben ihr bestehenden materiellen Welt voll Objekten mit den herrlichsten Eigenschaften. Doch wo befindet sich diese Welt? Ausserhalb im Raume ist die gewöhnliche Ansicht. Wie kommt nun aber die Seele zu dieser Raumanschauung, da sie sich doch bloss subjektiver Qualitäten und Bilder bewusst ist, die in uns sind? Helmholtz sagt*): die Entscheidung über diese Fundamentalfrage ist einzig zu suchen auf dem Gebiete der Lehre von der Tiefenwahrnehmung des Gesichtsfeldes und vom binocularen Sehen;" d. h. mit dieser Frage nach der Raumanschauung hängen innig zusammen die andern Fragen: Wie können wir denn die Objekte aufrecht sehen, da doch die Netzhautbilder umgekehrt sind? Dann: Wie können wir das fixierte Objekt einfach sehen, da uns doch von ihm zwei Netzhautbildchen gegeben sind, mithin doppelt empfunden wird? Endlich: Wie können wir nach der dritten räumlichen Dimension sehen und zwar sowohl körperlich, plastische stereometrische Objekte, als auch nähere und entferntere, obwohl die Netzhautbilder flächenhaft sind?**) Da wir beim Sehen die Objekte ausserhalb unserer sehen, während hingegen die Gesichtsempfindungen nur in uns selbst sind, so folgt mit zwingender Notwendigkeit, dass eine Uebertragung der Empfindungen nach Aussen hin von

---

*) Neuere Fortschritte i. d. Th. d. S. p. 55 ff.
**) Liebmann, objektiver Anblick § 7. p. 66—88. Lotze, medicin. Psych. § 28—34.

der Seele stattfindet, dass sie alle ihre eigenen Empfindungen und Empfindungsbilder nach aussen hin schaut und sich dann erst des vollständigen Anschauungsbildes bewusst wird. Eben weil dieser Akt der Translokation so schnell und von uns unbemerkt vor sich geht, kommen wir auch so schwer zum Bewusstsein davon, dass das, was wir ausserhalb sehen, nur die von der Seele projicierten eigenen Empfindungen seien. Auf diese Weise wird ein dem Retinabildchen nach Anordnung und Gruppierung der empfundenen Qualitäten geometrisch ähnlicher Gegenstand nach aussen gesetzt. Wie kommen wir nun aber dazu, den Gegenstand, trotzdem dass das Netzhautbildchen verkehrt steht, doch aufrecht zu sehen? Helmholtz sagt*): „Wenn auch die Stellen unseres Körpers, durch welche die Empfindungen uns reizen, verschieden sind, so folgt daraus noch nicht, dass wir das Objekt der Empfindung, was die Empfindung hervorruft, uns entsprechend räumlich getrennt denken müssen." Alle unsere Empfindungen, selbst die von räumlich ausgedehnten Objekten werden in der Seele ja in intensive Zustände verändert und können nicht räumlich ausgebreitet zum Bewusstsein gelangen. „Was ist es nun, was noch hinzukommt zu der räumlichen Trennung der empfundenen Nerven, und in diesen Fällen die entsprechende räumliche Trennung in der Anschauung hervorruft?" Lotze hat hierfür die äusserst sinnreiche Lehre von den Lokalzeichen aufgestellt**), nach welcher die Seele zugleich mit der Qualität und Intensität der Empfindung auch ein Gefühl von der getroffenen Körperstelle erhalte, also hier von der getroffenen Stelle der Netzhaut, die gereizt worden ist. Vermöge dieser Lokalzeichen allein wird es der Seele möglich, bestimmte Empfindungen an bestimmte Stellen zu projicieren und so eine Anschauung von bestimmter Form und Gestalt

---

*) Neuere Fortschritte in d. Th. d. Sehens p. 53.
**) Lotze, med. Psychol. § 28—30.

hervorzubringen. Nur was auf die Seele einen Reiz ausübt, kann von ihr empfunden werden; hätte sie also nicht ein Gefühl von einer bestimmten örtlichen Stelle der Empfindung, so könnte sie auch nicht diese Empfindung an eine bestimmte Stelle im Raume projicieren. Die Seele projiciert nun in der gradlinigen Richtung der einfallenden Strahlen nach aussen, und dadurch kommt das Bildchen, was auf der Netzhaut verkehrt ist, ausserhalb des Sehenden wieder aufrecht zu stehen, oder wie Liebmann sagt: „Das Aufrechtstehen entsteht dadurch, dass jeder helle Punkt auf der Netzhaut durch den Kreuzungspunkt der Richtungslinien gradlinig nach aussen verlegt wird.*) Wir haben aber zwei Netzhautbildchen und sehen doch nur ein Bild. Das Netzhautbildchen ist flächenhaft und doch sehen wir drei Dimensionen, Länge, Breite, Tiefe. Wie ist es also möglich, dass zwei perspektivische und flächenhafte Netzhautbilder von zwei Dimensionen sich vereinigen in ein körperliches Anschauungsbild von drei Dimensionen? Helmholtz weist nach, dass die beiden Netzhautbilder von körperlichen Objekten verschieden, während sie von flächenhaften identisch sind. Die erstere Thatsache beweist vollständig die Erfindung des Stereoskops. Ebenso sicher weist er nach, dass die Eindrücke und Empfindungen der beiden Netzhautbilder in der Empfindung nicht in einen ununterscheidbaren Eindruck verschmelzen, sondern getrennt bleiben müssen.**) Wenn es also feststeht, dass von beiden Augen her gleichzeitig zwei unterscheidbare Eindrücke unverschmolzen empfunden werden, und dass ihre Verschmelzung zu dem einfachen Anschauungsbilde der körperlichen Welt nicht durch einen vorgebildeten Mechanismus geschehen kann, so muss es durch einen Akt der Seele geschehen, und dieser ist: dass beide

---

*) Objektiver Anblick p. 74.
**) Helmholtz, neuere Fortschritte i. d. Th. d. Sehens p. 67 ff.

Netzhautbildchen an einen und denselben Ort im Aussenraum projiciert, nach Aussen versetzt werden. Sind nun aber die Netzhautbildchen nicht identisch, sondern verschieden, so können sie auch beim Hinausversetzen nicht congruent sich decken, sondern müssen hintereinander in verschiedenen Ebenen zu stehen kommen, und somit sind wir gezwungen, die dritte Dimension, auch die Tiefe wahrzunehmen, und somit Körper von dreifacher Dimension.*) Aus allem diesen können wir wohl mit Sicherheit schliessen, dass es ·eine wesentliche Funktion unserer Seele sei, die Empfindungs- und Anschauungsbilder aus sich hinaus zu versetzen, und zwar wegen der Verschiedenheit der Bilder in einer dreifachen Dimension, Länge, Breite, Tiefe anzuschauen, dass also die Raumanschauung als eine Funktion unserer Seele subjektiv ist. Hierzu nehme man noch, dass zunächst die Grundmaasse aller unserer Raummessungen und Raumbestimmungen auf gesellschaftlicher Uebereinkunft beruhen, ferner, dass alle unsere Zeitanschauungen, das Früher und Später, die einzelnen Zeitabschnitte und Zeiteintheilungen erst allmählich entstanden und zu verschiedenen Zeiten verschieden waren. Lotze sagt hierzu: „Es war indessen auch keineswegs unsere Absicht, aus jenen Lokalzeichen die Fähigkeit der Seele, Raum überhaupt anzuschauen, oder ihre Nötigung abzuleiten, das Empfundene in diese Anschauung aufzunehmen. Wir setzen vielmehr voraus, dass es in der Natur der Seele Motive gibt, um deren willen sie einer räumlichen Anschauungsform nicht nur fähig ist, sondern auch zu ihrer Anwendung auf den Inhalt der Empfindungen gedrängt wird; und weder jene Fähigkeit, noch diese Nötigung suchten wir aus den vorausgesetzten psychologischen Verhältnissen jener Lokalzeichen zu erklären,**)"

---

*) Liebmann, objektiver Anblick p. 78 ff.
*) Medicin. Psychol. § 28 p. 334. cf. Liebmann, objektiver Anblick, p. 105 ff.

ferner p. 335: „Für alle unsere psychologischen Betrachtungen reicht die Vorstellung hin, dass die Raumanschauung ein der Seele ursprünglich und a priori angehöriges Besitzthum sei, das durch äussere Eindrücke nicht erzeugt, sondern nur zur bestimmten Anwendung provocirt wird. Wir meinen damit nicht, dass der unendliche nach drei Richtungen ausgedehnte Raum von selbst ein immerwährender Gegenstand unseres Bewusstseins sei, den wir etwa seit unserer Geburt in Gedanken anstierten, begierig ihn mit Bildern zu füllen. Wir meinen nur, dass die ursprüngliche Natur unseres Geistes uns dazu treibt, unsere Empfindungselemente in räumlichen Lagen zu ordnen, und dass eine spätere Reflexion auf die unendliche Anzahl solcher Anordnungen, die wir unbewusst vorgenommen haben, uns auch die mehr oder minder lebhafte Gesammtanschauung des Alles umfassenden, unendlichen Raums zum Bewusstsein bringt." Der physisch-psychische Vorgang bei der Gesichtsanschauung ist also folgender: Durch die physischen Vorgänge ausserhalb unser, die vom Körper reflektierten Lichtstrahlen, die in unsere Augen eindringen, wird auf den Stäbchen und Zapfen der Retina ein Bildchen in umgekehrter Stellung gezeichnet. Die Erregungen der einzelnen Stäbchen und Zapfen nun pflanzen sich isoliert durch die Nervenfasern zum Gehirn fort stimulieren dort die Seele und rufen in ihr einzelne Empfindungen (intensive Zustände) hervor. Zugleich mit der Empfindung hat die Seele (nach der Lotzeschen Hypothese von den Lokalzeichen der Empfindung) ein Bewusstsein von der erregten Retinastelle. Gemäss dem nun werden die einzelnen Empfindungen durch die seelischen Funktionen der Synthesis und Reproduktion in das Bild eines Einzelobjektes vereinigt und durch die Raumfunktion als ein dem Retinabildchen nach bestimmter Anordnung und Gruppierung der empfundenen Qualitäten geometrisch ähnlicher Gegenstand nach Aussen in aufrechter Stellung versetzt; und zwar, weil die Bildchen beider Retinen, unvereinigt und nicht congruent, als ein Objekt von dreifacher Dimension, Länge, Breite, Tiefe angeschaut. Vermöge der Funktionen der Causalität und Substantialität endlich kommt sie zum Bewusstsein dieses von ihr getrennten Etwas, das von der Sprache mit Namen belegt, nun als ein objektiver Gegenstand vor ihr steht, von dem sie sich bewusst ist, dass er der Träger und Erzeuger aller der Eigenschaften ist, die in dem Begriffe dieses Objektes vereinigt sind.

Gehen wir nun aber noch einen Schritt weiter, um zum vollständigen Abschluss der Totalauffassung zu gelangen. So viel steht durch vorangehende Untersuchung fest, dass alle unsere Empfindungsqualitäten subjektiv sind, vermittelt durch den äussern Reiz und durch die physische Fortpflanzung der dadurch bewirkten Nervenerregungen zum Gehirn als dem Centralorgan und der Seele. Müssen wir somit zugestehen, dass die äussere sinnliche Welt eine Erscheinungswelt sei, bedingt durch den intellektuellen seelischen Faktor, so dürfen wir auch vor der letzten Konsequenz nicht zurück scheuen, auch unsern Leib, der zur sinnlich materiellen Welt gehört, als ein Phänomen unserer Seele aufzufassen, der seinem eigentlichen Wesen nach, ebenso wie die äusse materielle Welt, uns total unbekannt bleibt. Existierte nur ein Mensch auf der Erde, so würde dieser von den innern Theilen seines animalischen Organismus keine Vorstellung bekommen; er würde sie nicht wahrnehmen, und sie existierten deshalb für ihn nicht. Das Gehirn, sowie das Auge sind unter den Händen des Physiologen ebenso gut Objekte der Beobachtung und Forschung, wie das Licht und die Farben, der Aether, die Luft für den beobachtenden Naturforscher. Die Aussagen hierüber beruhen ebenso gut auf subjektiven Empfindungsbildern wie die über jeden beliebigen Gegenstand. Zerlegt in seine primitivsten Grundelemente liefert er uns dieselben Grundatome, die wir für das Constitutive der materiellen Körperwelt erkennen müssen. Doch die Aussagen über diese letzten Grundelemente sind ja ebenfalls subjektiv und beruhen auf subjektiver Affektion. Sicher aber muss ihnen ein Etwas zu Grunde liegen, dessen wahre Qualität uns nur unbekannt bleibt, von dem wir aber behaupten müssen, dass es existiere, und von dessen Wirksamkeit auf sich selbst und auf uns unser empirisches Weltbild abhängen muss. Wollen wir nicht in den Fichteschen Idealismus zurückfallen, nach welchem das Ich das Nicht-Ich setzt, so müssen wir diesem unbekannten Etwas ein von der Anerkennung des seelischen Princips unabhängiges, absolutes Sein zuerkennen. Die Geognosie, Paläontologie und Geologie lehren uns, dass es wahrscheinlich einmal Zeitpunkte gegeben hat, wo der Erdball von Menschen noch nicht bewohnt war; oder denken wir uns einen Moment, wo alle Menschen mit einem Schlage auf der Erde vernichtet würden, was ist der Erfolg? Im ersten Falle existierte noch kein menschliches Weltbild, im zweiten Falle würde das durch den Zeitverlauf hervorgerufene objektive Erfahrungsbild von der Welt verschwinden, jedoch aber immer nur das durch den seelischen Faktor mitbestimmte menschliche Bild. Zurück bleibt stets das von dem seelischen Faktor unabhängige, in Wirksamkeit verharrende Etwas. Steht es nun aber fest, was Helmholtz in seiner physiologischen Optik darthut, dass nur körperliche Objekte verschiedene Bilder auf den Netzhäuten hervorrufen, vermöge deren die Tiefenanschauung erzeugt wird, steht es ferner fest, was Herbart so betont, dass wir in der Auffassung der empirischen Formen streng gebunden sind und nicht willkürlich verfahren können, (denn sonst müssten grade so viele Formen in uns bereit liegen, als in wie vielen uns die Objektivität erscheint), so werden wir jedenfalls diesem wirksamen unbekannten Etwas ein unbestimmtes, abstraktes Nebeneinander, Zugleich, Nacheinander zugestehen müssen, durch welches wir zu einem bestimmten räumlichen Nebeneinander, Zugleich, Nacheinander unserer Empfindungsqualitäten gezwungen werden, dem wir uns nicht entziehen können, sondern das uns aufgedrungen ist.*) Fassen wir nun das Ganze unserer Untersuchung zusammen, so finden wir, dass im grossen Ganzen und im Wesentlichen die Kantische phychologisch-metaphysische Grundanschauung von unserer heutigen Physiologie und Naturwissenschaft bestätigt wird. Als Ausgangspunkt unseres Weltbildes, als metaphysischen Ort desselben müssen wir unser seelisches Princip setzen, dessen Qualität uns zwar unbekannt ist, dem wir aber, rückschliessend aus den Thatsachen der Erfahrung, zunächst die Fähigkeit zuschreiben müssen, unter sich wieder unvergleichbare Empfindungen, Gefühle der Lust und Unlust, endlich Willensimpulse zu erzeugen. Ausgerüstet mit den immanenten Funktionen (Thätigkeiten) der Synthesis, Reproduktion, Recognition, Association, der Kausalität und Substantialität, endlich der Raum- und Zeitfunktion vermag sie, von Aussen angeregt, den gesammten Empfindungsstoff zu dem Totalbilde der empirischen Welt zusammenzufassen und durch Denken, als einem seelischen Akt der Verbindung von Begriffen, in welchem implicite die des Trennens, Vergleichens, Abstrahierens enthalten sind, dasselbe immer weiter auszubilden und zu immer umfassenderen und abstrakteren Begriffen zu gelangen. Angeregt zu diesen Empfindungen wird die Seele durch organische und physische Processe ausserhalb ihrer, über die uns Physiologie und Physik Aufschluss geben, die aber in ihrem letzten Endresultat ebenfalls nichts als Phänomene unseres Bewusstseins sind, denen aber ein total unbekanntes Etwas als Träger derselben zu Grunde liegen muss. Und so werden wir wohl mit Helmholtzens Worten diesen Theil unserer Un-

---

*) Cf. Krause, Lehre vom Erkennen und der Erkenntniss p. 360 ff.

tersuchung beschliessen können, dass alle unsere Vorstellungen nichts als Zeichen (Symbole, Bilder) sind für die Objekte, deren Art nicht willkürlich gewählt ist, sondern uns durch die Natur unserer Sinnenorgane und unseres Geistes aufgedrungen ist.*)

III.

Von hier aus endlich wollen wir nun weiter sehen, in wiefern die Einwürfe und Tadel, die ihm von den beiden auf ihn folgenden Männern Hegel und Herbart gemacht werden, berechtigt oder nicht berechtigt sind. Hegels Einwürfe, die er Kanten an verschiedenen Orten seiner Logik und Encyklopädie macht, wurzeln zunächst in seiner total monistischen Grundanschauung der Dinge gegenüber der dualistischen Kants. Im Wesentlichen gestaltete sich das Verhältniss bei Kant so: Das unmittelbar Gewisse und Wahre, das die absolute Notwendigkeit und Allgemeinheit enthält, ist der subjektive Erkenntnissfaktor mit seinen Anschauungs- und Denkformen, den wir bei allen Menschen als Bedingung der Möglichkeit der Erfahrung voraussetzen müssen; während hingegen die Materie der Erfahrung, das zweite Bestandstück in unserer Erkenntniss, ebenfalls nur subjektiv, beruhend auf Affektionen eines uns total unbekannten Dinges, uns über das wahre Wesen desselben nichts aussagt und mit den Denk- und Anschauungsformen nichts zu schaffen hat. Es treten sich also zwei Elemente entgegen, das subjektive Erkenntnissvermögen und die ebenso subjektive Empfindungsmaterie; herrührend von einem unbekannten „Dinge an sich." Dieser Dualismus der Principien ist der nächste und härteste

---

*) Helmholtz, psysiolog. Optik § 26 p. 446.

Angriffspunkt. Auf Schelling basierend gilt Hegeln die Identität von Denken und Sein als die erste und festeste aller philosophischen Erkenntniss. Das Denken, das bis dahin, weil an die Objektivität gebunden, nur ein endliches, beschränktes war, muss von dieser seiner Schranke befreit und zum absoluten Denkprocess, losgelöst von irgend welcher Subjektivität, erhoben werden. Auf diese Weise, durch völlige Erhebung, Ueberwindung und Verneinung des objektiven Faktors, des Wirkenden bei der Wirkung im Empfindungs- und Denkprocess, gewinnt Hegel das einheitlich monistische Princip, die logische Idee, den Begriff, der die Grundlage alles Daseins, der Objektivität wie Subjektivität, in beiden, Natur wie Geist gleich wirksam ist, so dass die Denkfunktionen, die nach Kant ja nur ein subjektiver Process, nach Hegel ebenso Grundlage der Natur als Objektivität sind, ja die ganze Natur nichts als eine körperliche Entfaltung, ein objektiver Wiederschein dieser einer logischen Idee ist. Das Logische ist somit also das belebende Princip in aller Weltentwicklung, eben so wirksam in den einzelnen Subjekten, wenn vielleicht auch unbewusst, wie in der Natur als der Idee in ihrem Anderssein, wie im Geiste als der Idee in ihrem „Zurückgekehrtsein in sich."

Hierin gipfeln nun alle die Einwürfe und wohl auch Tadel, die er Kanten in seiner Encyklopädie bei Gelegenheit einer kritischen Prüfung seiner Philosophie macht.*) Dass sich in der Erkenntniss die Bestimmungen der Allgemeinheit und Notwendigkeit finden, sei nichts anderes, als ein vorausgesetztes Faktum, für welches die Kantische Philosophie nur eine andere Erklärung als die gewöhnliche gebe (§ 40); ein ähnlicher Einwurf, wie der, man könne das Erkenntnissvermögen nicht vor dem Erkennen untersuchen. Als ob nicht auch Hegel mit seinem subjektiven Erkenntnissvermögen das

---

*) Hegel, gesammelte Werke B. VI. Encyclopaedie I. § 40 ff.

Erkennen untersucht hätte, und nicht auch er nur eine andere Erklärung des realen, thatsächlichen Bestandes gegeben hätte. Die Allgemeinheit und Notwendigkeit in unserer Erkenntniss ist nicht ein vorausgesetztes, sondern ein thatsächliches Faktum in unserer Erkenntniss, für welches wir eine Erklärung zu fordern berechtigt sind, zumal wir ja doch von unserem Standpunkte aus nichts anderes als Erklärungen der real objektiven Welt geben können, und kein Philosoph bis jetzt auch etwas Anderes versucht hat. —

Hierher gehören ebenso die Einwürfe, die er Kanten macht über die Trennung der Erfahrungselemente in Form und Inhalt und die Nachweisung der Denkbestimmungen als reinweg subjektiver. „Diese Kritik geht jedoch nicht auf den Inhalt und das bestimmte Verhältniss dieser Denkbestimmungen gegen einander selbst ein, sondern betrachtet sie nach dem Gegensatz von Subjektivität und Objektivität überhaupt" (§ 41). Dieser Gegensatz von Subjektivität und Objektivität existierte ja bei Hegel nicht, da die eine logische Idee das Wirksame in beiden und ebenso subjektiv wie objektiv ist. Ferner die Tadel über das Kant'sche „Ding an sich", das bei Hegel, insofern eine reale Erkenntniss des absoluten Wesens gefordert und vorhanden ist, sich gestaltet zu den einfachen realen Wesenheiten, die dargestellt werden in seiner Logik. „Das Ding an sich" — und unter dem Dinge wird auch der Geist, Gott befasst — drückt den Gegenstand aus, insofern von Allem, was er für das Bewusstsein ist, von allen Gefühlsbestimmungen, wie von allen bestimmten Gedanken desselben abstrahiert wird. Es ist leicht zu sehen, was übrig bleibt, das völlige Abstraktum, das ganz Leere, bestimmt nur noch als Jenseits; das Negative der Vorstellung, des Gefühls, des bestimmten Denkens u. s. f. (Encyclop. § 44). Die Fehler des Kantschen „Dinges an sich" liegen klar am Tage; sie sind oft genug, und in neuester Zeit besonders von Liebmann in seinen Schriften „Kant und die

Epigonen" und „Objektiver Anblick" p. 155 dargethan worden. An letzterer Stelle kritisiert es Liebmann folgendermassen: Das „Ding an sich" soll nicht im Raume (also nirgends), nicht in der Zeit (also nie), vorhanden sein, und dennoch existieren; ferner soll es weder Ding noch Eigenschaft, weder Ursach noch Wirkung sein, da die Kategorien der Subsistenz und Kausalität nicht darauf anwendbar sind; dennoch „afficiert es die Sinnlichkeit", übt also eine Wirkung aus; ferner darf es weder wirklich, noch möglich, noch notwendig, weder Eins noch Vieles, weder reell, noch Nichts sein, denn auch die Kategorien der Modalität, Quantität und Qualität, sind ja nach Kant nicht darauf anzuwenden. Dennoch ist es, wirkt es, afficiert es, muss es gedacht werden." Es ist also ein Unding. Um so weniger werden wir daher der Forderung Hegels beistimmen können, der § 46 sagt: „Es tritt für uns das Bedürfniss ein, diese Identität, oder das „Ding an sich" zu erkennen" und nun diese Erkenntniss findet in den durch den dialektischen Process in Fluss gedachten Denkbestimmungen. Im Gegentheil haben wir gesehen, wie die realen Faktoren unserer Erkenntniss zwei sind, der seelische Process innerhalb des Subjekts, und die organisch-physischen Processe ausserhalb desselben, durch welche veranlasst, die Seele zu der Empfindungsmaterie gereizt wird, die in das Gesammtbild der empirischen Welt vereinigt wird; wie aber grade für uns dadurch die Unmöglichkeit eintritt, das wahre Wesen der objektiven Welt zu erkennen, und wir uns mit einem unbekannten Etwas als Träger des Weltganzen begnügen müssen. Grade das Charakteristikum der Hegelschen Philosophie, die einseitige Hervorhebung des intellektuellen Faktors und die totale Vernachlässigung des realen Faktors ist auch ihr Fehler. Er löst das Denken völlig von dem Subjekt los und erhebt es zum absoluten, selbständigen Process, so dass nicht ein Subjekt da ist, welches denkt, und nicht ein „Was", welches gedacht wird. Es sind die Kantschen immanenten Denkbestimmungen, welche durch den von der Empirie abstrahierten dialektischen Process des Werdens in Fluss gebracht, die Grundlage des Weltganzen bilden.

Grade hierin, weil Hegel den Widerspruch auf die Autorität der Erfahrung hin (im Begriff des Werdens) sogar als höhere Vernunftwahrheit gelten lässt, wirft Herbart ihm Empirismus vor, und wohl mit Recht. Für uns kann das Denken nur ein immanenter seelischer Process des Verbindens, Trennens, Vergleichens, Abstrahierens sein, ausgeführt von einem Subjekt, das denkt, bedingt durch die Beschaffenheit eines Objektes, das da gedacht wird, so dass wir uns in unserem Denken nach der Beschaffenheit des Gedachten richten müssen. Nicht der intellektuelle Faktor allein ist das Constitutive der Weltanschauung, sondern in jedem Momente und in jedem Akte unseres Erkennens sind Subjekt und Objekt unzertrennlich vereinigt und einander bedingend.

Denken und Sein sind nicht identisch, sondern es sind zwei von einander geschiedene, aber unzertrennlich zusammengehörige Faktoren unserer Erkenntniss, die in ihrem Verein erst das sinnlich empirische Anschauungsbild geben. So wie unser Intellekt sich in ewig feststehenden Gesetzen bewegt, so müssen wir auch für die objektive Erscheinungswelt unwandelbar feststehende Gesetze annehmen, in denen das Gesammte des Universums beruht. Die Hegelschen Begriffsbestimmungen, die er uns in seiner objektiven Logik gibt, sind nichts als leere Abstraktionen ohne Inhalt, mit der Anforderung, die letzten Endprincipien des Daseins zu erschliessen. Hierin gipfelt dann auch, dass Hegel alles Fühlen und Wollen nur betrachtet als untergeordnete Stufen, als sich entwickelnde Formen des absoluten Denkens, die zu überwinden sind, eine Ansicht, der wir um so weniger beistimmen können, als wir von vorn herein genötigt waren, ein seelisches Princip anzunehmen mit der Fähigkeit, Empfindungen, Zustände der Lust und Unlust und Willensimpulse zu erzeugen.

Innig mit dieser seiner monistischen Grundanschauung der Dinge ferner verwachsen sind dann die Einwürfe, die er Kanten macht zunächst darüber, dass er die Denkbestimmungen, die Kategorien, betrachtet als Mittel zu einem bestimmten Zwecke, nämlich zum Erkennen. Er sagt:*) „Sonach können wir dann viel weniger dafür halten, dass die Denkformen, die sich durch alle unsere Vorstellungen, diese seien bloss theoretisch oder enthalten einen Stoff, der der Empfindung, dem Triebe, dem Willen angehört, hindurchziehen, uns dienen, dass wir sie, und sie nicht vielmehr uns im Besitz haben." Ebenso wenn er ferner in der weitern Folge Kant tadelt, dass die Dinge sich nach unsern Denkbestimmungen richten sollen, und nicht vielmehr umgekehrt. Er sagt (p. 16): „Ebenso, wenn wir von den Dingen sprechen wollen, so nennen wir die Natur oder das Wesen derselben ihren Begriff, und dieser ist nur für das Denken; von dem Begriff der Dinge aber werden wir noch viel weniger sagen, dass wir sie beherrschen oder dass die Denkbestimmungen, von denen sie der Komplex sind, uns dienen, im Gegentheil muss sich unser Denken nach ihnen beschränken und unsere Willkür und Freiheit soll sie nicht nach sich zurichten wollen." Und doch sahen wir, wie durch die physischen Processe der Natur, die Aether- und Luftschwingungen, die Cohäsionsverhältnisse der Materie, im Zusammenhang mit den organischen Processen unserer Nervenapparate das Vorstellungsvermögen unserer Seele stimulirt wird, einzelne, isolierte Empfindungen zu erzeugen, die mit den Processen ausserhalb ihrer unvergleichbar sind. Besässe die Seele die Fähigkeit allein, auf Anregungen von Aussen Empfindungen zu erzeugen, so bliebe es bloss bei einem Augenblicksbewustsein. Nur vermöge der Funktionenen der Synthesis, Reproduktion, Recogni-

---

*) Vorrede zur 2. Ausgabe der objektiven Logik p. 16. (Ges. Werke B. III.)

tion, Association kommt die Seele zu ganzen Empfindungs- und Anschauungsbildern, vermöge der Funktionen der Kausalität und Substantialität und der Raum- und Zeitanschauung zur Vorstellung einer Welt praeter et extra nos. Alle diese Funktionen dienen uns somit gewisser Massen doch, sind die notwendigen Bedingungen für die Möglichkeit einer Erfahrung überhaupt. — Wichtiger für Hegeln noch sind dann die Einwürfe, die er Kanten ferner macht, die Denkbestimmungen nur als äussere Formen betrachtet zu haben, die nur an dem Gehalt, nicht der Gehalt selbst sind (p. 17 ff.). Er sagt p. 19: „Was wir als Anfang der Wissenschaft, dessen hoher Wert für sich und zugleich als Bedingung der wahrhaften Erkenntniss vorhin anerkannt worden ist, angaben, die Begriffe und die Momente des Begriffs überhaupt, die Denkbestimmungen zunächst als Formen, die von dem Stoffe verschieden und nur an ihm seien, zu behandeln, diess gibt sich sogleich an sich selbst als ein zur Wahrheit, die als Gegenstand und Zweck der Logik angegeben wird, unangemessenes Verhalten kund. Denn so als blosse Formen, als verschieden von dem Inhalte, werden sie in einer Bestimmung stehend angenommen, die sie zu endlichen stempelt, und die Wahrheit, die in sich unendlich ist, zu fassen unfähig macht (cf. p. 27 der Vorrede zur Logik). Diese Einwürfe aber konnten nur erhoben werden von einer Anschauung aus, die Denken wie Sein identisch haltend und eine absolute Erkenntniss der letzten Endprincipien beanspruchend, diese in den logischen Kategorien findet, sodass die Denkbestimmungen, die logischen Funktionen nicht als Bedingungen der Möglichkeit der Erfahrung überhaupt, sondern das innere Getriebe, der lebendige Impuls aller Entwicklung sind. Der Humesche Scepticismus jedoch hat uns zur Genüge belehrt, wie wir nicht anders können, als in dem uns dargebotenen Erfahrungsstoffe von der Materie, die auf Affektionen von aussen beruht, das verbindende Element, gewisse Synthesen, die Formen abzusondern, die wir, weil sie in der Erfahrung nicht anzutreffen sind, dem auffassenden Subjekte zuschreiben müssen. Wenn wir sie in Folge dessen als bloss logische subjektive Funktionen betrachten müssen, die dazu dienen, das gegebene Manigfaltige der sinnlichen Empfindung zu einem gesammten Erfahrungsbilde zu verweben, so kann darin kein unangemessenes Verfahren liegen, sondern dies sind die notwendigen Konsequenzen der Analyse eines Erfahrungsbegriffes. Wenn hierdurch veranlasst diese Formen uns allerdings nicht in Stand setzen, bis auf den tiefsten Grund des Weltganzen zu dringen, sondern uns immer ein unbekanntes Etwas zurückbleibt, unsere Erkenntniss also immer nur eine subjektive werden und bleiben kann, so liegt die Schuld nicht in der Erkenntniss und deren Darstellung, sondern eher in der kosmischen Einrichtung, vermöge deren wir auf physische Processe (Anregungen) von Aussen immer nur mit einer subjektiven Empfindungsqualität antworten können, die uns über das wahre Wesen der Welt doch nichts aussagt.

Alle diese Einwürfe endlich — über die Trennung des Erfahrungsstoffes in Form und Inhalt, über die Subjektivität und Endlichkeit der Formen, und die daraus entspringende Unmöglichkeit, „die Dinge an sich" zu erkennen —, finden ihren Abschluss schliesslich in der Ansicht Hegels, nach welcher die Logik nicht eine formale Wissenschaft ist, die uns mit den unabweisbaren Formen des Denkens bekannt macht, sondern wesentlich Metaphysik, welche die logische Idee in ihrem reinen „an und für sich Sein" enthält, die sich vermöge des negativen Momentes, das zu ihrer Natur gehört, durch den dialektischen Process rein aus sich entwickelt. Nachdem er (Einleitung zur Logik p. 27 ff.) die formale Logik deswegen getadelt, dass sie von allem Inhalte abstrahire und nur die Regeln des Denkens lehre, was beruhe auf der ein für alle Mal vorausgesetzten Trennung des Inhalts der Erkenntniss und der Form derselben, oder der

Wahrheit und Gewissheit, wodurch zwei von einander getrennte Sphären entstünden, eine objektiv fertige Welt und ein Denken, das sich daran zu erfüllen habe, und das somit in seinem Empfangen und Formieren des Stoffes nicht über sich hinauskomme, also etwas Unvollendetes, Unfertiges sei, fährt er p. 31 fort: „Die Kritik der Formen des Verstandes hat das angeführte Resultat gehabt, dass diese Formen keine Anwendung auf die Dinge an sich haben. Dies kann keinen andern Sinn haben, als dass diese Formen an sich selbst etwas Unwahres sind. Allein indem sie für die subjektive Vernunft und für die Erfahrung gelten gelassen werden, so hat die Kritik keine Aenderung an ihnen selbst bewirkt, sondern lässt sie für das Subjekt in derselben Gestalt, wie sie sonst für das Objekt galten. Wenn sie aber ungenügend für das „Ding an sich" sind, so müsste der Verstand, dem sie angehören sollen, noch weniger dieselben sich gefallen lassen und damit vorlieb nehmen wollen" (cf. p. 37). Dieser Tadel fällt für alle die, für welche die Logik nicht Metaphysik, sondern eine formale Wissenschaft ist, welche uns mit den Regeln des Denkens, als eines seelischen Processes der Verbindung in Urtheilen und Schlüssen bekannt macht. Hieran hat auch die formale Logik so gut ihren Inhalt, wie die absolute metaphysische Logik Hegels. Das Denken, weil nur subjektiv, kann deswegen sicher doch nichts Ungenügendes oder gar Mangelhaftes sein, sondern wir kennen gar kein anderes Denken, als nur ein subjektives, nach gewissen feststehenden Gesetzen, während hingegen die objektive Aussenwelt physische Processe sind, die nur durch unsern subjektiven Faktor als das, was sie sind, erkannt werden. Alle diese Einwürfe und Tadel somit, die wir bisher betrachtet haben, beruhen auf der monistischen Grundanschauung Hegels, nach welcher die Logik wesentlich als Metaphysik, die eine sich entwickelnde logische Idee, den Grund alles Daseins, subjektiven wie objektiven enthält. Der zweite Theil unserer Untersuchung aber hat uns hinlänglich bewiesen, wie die naturwissenschaftlichen Thatsachen uns zwingen, von diesem einen logischen Processe, der in seinen letzten Endprincipien nichts als abstrakte Begriffe ohne Inhalt und jegliche Bedeutung darstellt, abzustehen und der Natur ihre Selbständigkeit zu vindiciren: für wen also diese einseitige Ueberhebung des intellektuellen Faktors, dieser absolute Denkprocess keine objektive Gültigkeit hat, für wen das Denken nicht dieser absolute Process, sondern subjektive seelische Akte sind, für den können auch diese Einwürfe Hegels gegenüber Kanten keine maassgebende Bedeutung und Gültigkeit haben.

Anderer Art aber sind die Einwürfe, die Hegel Kanten macht über die Herleitung der Kategorien, ihrem notwendigen Nachweis und Zusammenhang. „Bekanntlich, sagt er § 42 der Encyklopädie, hat es die Kantsche Philosophie sich mit der Auffindung der Categorien sehr bequem gemacht. Ich, die Einheit des Selbstbewusstseins, ist ganz abstrakt und völlig unbestimmt; wie ist also zu den Bestimmungen des Ich, den Kategorien zu kommen? Glücklicherweise finden sich in der gewöhnlichen Logik die verschiedenen Arten des Urtheils bereits empirisch angegeben vor. Urtheilen aber ist Denken eines bestimmten Gegenstandes. Die verschiedenen schon fertig aufgezählten Urtheilsweisen liefern also die verschiedenen Bestimmungen des Denkens. Der Fichteschen Philosophie bleibt das tiefe Verdienst, daran erinnert zu haben, dass die Denkbestimmungen in ihrer Notwendigkeit aufzuzeigen, dass sie wesentlich abzuleiten sind." Ebenso, wenn er (Logik, Einleitung p. 32) sagt: Jene Kritik hat die Formen des objektiven Denkens nur vom Ding entfernt, aber sie im Subjekt gelassen, wie sie sie vorgefunden. Sie hat dabei nämlich diese Formen nicht an und für sich selbst, nach ihrem eigenthümlichen Inhalt betrachtet, sondern sie lemmatisch aus der subjektiven Logik geradezu aufgenommen, so dass von einer Ableitung ihrer an ihnen selbst, oder auch einer Ableitung derselben als subjektiver, logischer Formen, noch weniger aber von der dialektischen Betrachtung derselben die Rede war." Ungerechtfertigt sind diese letzteren Tadel, dass Kant die Formen des Denkens ohne Weiteres vom Ding entfernt und in das Subjekt übertragen habe, ohne sich weiter Rechenschaft darüber zu geben. Das hat Kant nicht gethan; im Gegentheil leuchten mit strengster Evidenz die Gründe bei ihm hervor, warum die Formen dem Subjekt, und zwar allein dem Subjekte zuzuschreiben sind. Alle unsere Erkenntniss wird zunächst bewirkt durch die Sinnlichkeit, die uns diese Materie der Erfahrungserkenntniss liefert. Diese kann aber nur dann zu einem geordneten empirischen Anschauungsbilde werden, wenn vom Subjekt gewisse Synthesen ausgehen, welche das Manigfaltige der einzelnen Empfindungen zu Gesammtbildern verbinden. Alle diese Formen sind daher als wesentliche Funktionen nothwendige Bedingungen für die Erfahrung, und sie sind allein, weil die Sinnlichkeit uns dieselben nicht liefern kann, dem Verstande zuzuschreiben. Gerechtfertigter aber jedenfalls sind die Einwürfe betreffs der Ableitung und Herleitung der Denkbestimmungen aus dem Subjekt, dem Aufzeigen ihrer immanenten Nothwendigkeit, womit Kant es sich zu leicht gemacht hat. Allerdings liesse sich gleich von vorn herein zur Entschuldigung Kants anführen, dass es ihm nicht um einen genetischen (im Sinne Lockes vielleicht physiologischen) Nachweis der Denkfunktionen zu thun war, sondern dass im Wesentlichen sein Hauptbestreben dahin ging, das aprioristische Besitzthum der reinen Vernunft nach einem einheitlichen Princip, dem Vermögen zu urtheilen, darzulegen, so dass es ihm begegnen konnte, dass er über die Urtheile, deren Entstehung und Anordnung, leichter hinwegging. Ohne nun aber Hegel beistimmen zu können, der das Ableiten und das Aufweisen der Notwendigkeit vermöge des dialektischen Processes haben will, müssen wir die Einwürfe gegen diesen Theil der Kantschen Lehre doch anerkennen. Kant recurriert bei der Analyse der aprioristischen Formen einfach zurück bis auf die Tafel der Urtheilsformen. Woher aber die Urtheile entspringen, und ob die Arten der Urtheile, die in der Tafel enthalten sind, gerechtfertigt sind, ihre Anordnung und Zahl, lässt er ganz unberücksichtigt. Er nimmt die Urtheile so auf, wie er sie vorgefunden und führt die ganze Stelle ein mit folgenden Worten*): „Wenn wir vom Inhalt eines Urtheils überhaupt abstrahieren und auf die blosse Verstandesform darin Acht haben, so finden wir, dass die Funktionen des Denkens unter vier Titel gebracht werden können, deren jedes drei Momente unter sich enthält. Die Anordnung nach Quantität, Qualität, Relation, Modalität ist sicher schon eine falsche, aber auch die Zahl der Urtheilsarten wird sich nicht festhalten lassen. Im Wesentlichen werden wir nur zwei Arten von Urtheilen anzunehmen haben, die kategorischen und hypothetischen, von denen jedes wieder, je nach dem Inhalte dessen, was gedacht wird, qualitativ oder quantitativ sein kann, hervorgerufen durch die Fähigkeit unserer Seele, Aehnlichkeit und Unähnlichkeit, Gleichheit und Verschiedenheit mehrerer Vorstellungen wieder zu erkennen. — Noch mangelhafter ist dann jedenfalls die Art und Weise, wie Kant von den Arten des Urtheils zu den Kategorien als den reinen Stammbegriffen des Verstandes kommt. „Dieselben Funktionen, welche den verschiedenen Vorstellungen in einem Urtheile Einheit geben, die geben auch der blossen Synthesis verschiedener Vorstellungen in einer Anschauung Einheit, welche allgemein ausgedrückt die reinen Verstandesbegriffe heissen. Auf solche Weise entspringen grade so viele reine Verstandesbegriffe, welche a priori auf Gegenstände der Anschauung gehen, als es in der vorigen Tafel logische Funktionen in allen möglichen Urtheilen gab; denn der Verstand ist durch gedachte Funktionen völlig erschöpft

---

*) Kr. d. R. V. ed. Hartenstein p. 100.

und dadurch sein Vermögen gänzlich ausgemessen.*)" Ohne den tiefern Grund angegeben zu sehen, warum gerade aus den logischen Funktionen der Urtheile Verstandesbegriffe entstehen sollen, ist es auch unmöglich, alle diese Kategorien festzuhalten. Versteht man unter Kategorien oder Stammbegriff des Verstandes eine ganz universelle Denkform oder Denkfunktion, die durchaus ursprünglich, weder aus der Erfahrung noch aus ursprünglicheren Anlagen abgeleitet sein darf, so können wir deren nur zwei, die der Kausalität und der Substantialität festhalten, ohne deren Vorhandensein, wie gezeigt worden ist, gar keine Erfahrung zu Stande kommen könnte. Alle übrigen erweisen sich, wie Liebmann klar dargethan hat,**) als mehr oder weniger unecht. Diese ganze Partie der Kantischen Kritik ist kein wissenschaftlicher Nachweis, sondern mehr eine Versicherung, die er gibt, und die Einwürfe, die ihm hier gemacht werden, sind daher wohl berechtigt. Die notwendige Herleitung der Kategorien, der wissenschaftliche Nachweis, wie durch sie und einzig durch sie eine Erfahrung zu Stande kommen könnte, fehlt bei ihm ganz.

Wir werden die Schwäche der Kantischen Kritik in diesem Punkte um so mehr anzuerkennen haben, wenn wir sehen, wie ihm dieselben Einwürfe auch von dem antipolarischen Gegner Hegels Herbart gemacht werden. In seiner Metaphysik, bei Gelegenheit einer Kritik des Kantianismus, tadelt Herbart Kanten wegen derselben Punkte:***) „Die ganze Deduktion Kants liegt in den Worten: „so finden wir! Ein schlechtes Fundament für eine Lehre, welche das Vermögen des Verstandes ausmessen wollte! Gesetzt aber, die bekannte Tafel der Urtheilsformen hätte wirklich, was sie nicht hat, wesentlich innern Zusammenhang: so musste noch ein Sprung ge-

---

*) Kr. d. R. V. ed. Hart. p. 106.
**) Liebmann, objektiver Anblick p. 120—126.
***) Herbarts Metaphysik ed. Hartenstein I. § 35 ff. p. 122.

macht werden, wenn Urtheilsformen der leeren Logik sich in metaphysische Erkenntnissbegriffe verwandeln sollten." In der That sieht man bei Kant nicht ein, wie wir auf einmal von den logischen Funktionen im Urtheilen zu den Kategorien kommen, die dieselben Arten der Verbindung enthalten sollen. Ein unausgefüllter Sprung findet statt und dies möchte vielleicht auch der Grund dafür sein, dass Kant so viele Kategorien annimmt, die gar nicht für Kategorien gelten können. Der wissenschaftliche Nachweis fehlt, und hierin sind die Einwürfe beider Philosophen, Hegels wie Herbarts, die doch sonst in ihren philosophischen Anschauungen sich gegenüber stehen, Kant gegenüber berechtigt. Ob nun aber die übrigen Einwürfe Herbarts ebenso berechtigt sind, wird das Folgende zeigen. Herbart, der sich selbst als Kantianer bezeichnet, steht in manchen Beziehungen, durch die Behauptung der Nichtidentität von Sein und Denken, der Unerkennbarkeit der Qualitäten der Realen, der Unerreichbarkeit einer spekulativen Gotteserkenntniss, Kant ungleich näher als Hegel, in anderen aber auch um so entfernter. Die Gebiete, in denen sie sich am schroffsten gegenüber stehen, sind nächst der Ethik wohl die psychologischen und im Zusammenhang damit die metaphysischen Fragen. Dahin werden daher folgerichtig auch zunächst die Einwürfe sich richten. Den ersterwähnten berechtigten Einwürfen gegen die Kantische Kategorientafel stehen zunächst die gegen die ganze psychologische Grundanschauung Kants. Grade entgegengesetzt der Herbartschen Ansicht von der Seele als einem einfachen, realen Wesen ohne jegliche Anlagen und Vermögen ist die Kantsche Annahme zunächst eines Vorstellungsvermögens mit Sinnlichkeit, Einbildungskraft, Verstand, Vernunft. „Die psychologischen Voraussetzungen, sagt Herbart*), nach welchen

---

*) Lehrbuch zur Einleitung in die Philosophie § 150, p. 233.

die verschiedenen Seelenvermögen angenommen sind, und worauf die ganze Kritik des Erkenntnissvermögens gebaut ist, sind selbst als Auffassungen der Thatsachen des Bewusstseins in jedem Punkte unsicher und voll von Erschleichungen. In die hieraus gebildeten Begriffe von Seelenvermögen mischen sich die Erklärungen, welche wir hinzudenken und der Wahrnehmung unvermerkt unterschieben. Dahin gehört Kants Voraussetzung, dass zur Verbindung des gegebenen Mannigfaltigen eigne Handlungen des Gemüths, mithin Seelenvermögen nöthig seien; während die Erfahrung das schon Verbundene, aber niemals eine ganz rohe, formlose Materie des Gegebenen, noch weniger eine Handlung des Verbindens eines noch formlosen Stoffes zu erkennen giebt." (Cf. Metaphysik I. § 33). Hierzu vergleiche man, was Herbart Psychologie als Wissenschaft § 152, p. 109 sagt: „Die Seele hat keine Anlagen und Vermögen, weder etwas zu empfangen noch zu produciren." Die Grundanschauung, die Herbarts Psychologie von Anfang bis Ende beherrscht, ist: Die Seele ist so gut wie die übrigen Realen, auf die er in der Metaphysik gekommen ist, ein einfaches, reales Wesen, ohne irgend welche ursprüngliche Anlagen und Fähigkeiten, sondern wird allein durch die Einwirkungen und Störungen der übrigen Realen, welche durch ihr zufälliges Zusammensein die Objekte der materiellen Welt bilden, zu Selbsterhaltungen genötigt, welche die Vorstellungen bilden. Diese Vorstellungen als Selbsterhaltungen der Seele bilden die Grundlage unseres ganzen geistigen Empfindungs- Gefühls- Willenslebens. Sie werden, indem sie einander widerstehen, zu Kräften, die sich gegenseitig hemmen oder unterstützen, und so ins Gleichgewicht bringen. Gehemmte Vorstellungen werden nicht vernichtet, sondern nur zurückgedrängt, verdunkelt, sie verwandeln sich in ein Streben vorzustellen,*) an welches

---

*) Psychologie als W. 11, 12 p. 16.

sich die Gefühle der Lust und Unlust knüpfen. „Fühlen und Begehren sind zunächst Zustände der Vorstellungen, und zwar grösstentheils wandelbare Zustände der letzteren,*) hervorgerufen durch die Hindernisse oder Begünstigungen, die beim Wiederemporkommen gewisser Vorstellungen von andern ihnen herbeigebracht werden. „Diese Begünstigung ist eine Bestimmung dessen, was im Bewusstsein vorgeht, aber keineswegs eine Bestimmung irgend eines Vorgestellten, sie kann also nur ein Gefühl heissen, ohne Zweifel ein Lustgefühl."**) Und ebenso ist beim Begehren, und in dessen höchster Potenz beim Wollen, eine Vorstellungsmasse die herrschende, durch welche der handelnde Wille des Menschen bestimmt wird. „Dieses Streben der Vorstellungen nähmlich, sagt Herbart,***) ist das, was unter dem Namen Begehren, Leben, Trieb, reale Thätigkeit fälschlich als eine zweite, ursprüngliche Qualität, als ein eignes Vermögen, neben das Vorstellungsvermögen gestellt wurde."

Diese Mechanik des Geistes, dieser Wechsel der Vorstellungen, das gegenseitige Hemmen und Emporhelfen, das Herrschen irgend einer bestimmten Vorstellungsmasse ist das, was Herbart an die Stelle der ursprünglichen Seelenvermögen gesetzt haben will. So bewundernswerth auch das einheitliche Ganze seiner psychologischen Anschauung ist, so ist doch wohl eine unläugbare Thatsache, selbst wenn wir alle Vermögen der Seele negiren wollten, dass wir ihr auch nach Herbart die Fähigkeit zuschreiben müssen, sich gegen die Einwirkungen der andern Realen selbst zu erhalten, und hierdurch die Vorstellungen hervorzurufen. Besässe sie diese Fähigkeit nicht, die ja doch auch eine sich äussernde Wirksamkeit ist, so hörte dadurch das ganze geistige

---

*) Psychologie als W. 33, p. 29.
**) Psychologie als W. 37, p. 32.
***) Lehrbuch zur Einleitung i. d. Ph. § 158, p. 262.

Leben auf. Ausserdem muss die Seele ja doch auch gegen die Einwirkungen verschiedener Realen sich verschieden verhalten, um die generell verschiedenen Empfindungen der Farben,. Töne etc. hervorzubringen. So ganz ohne Fähigkeiten ist also auch die Seele nach Herbart nicht. Ausserdem sagt ja doch dieser selbst: Gefühle sind Zustände und zwar wandelbare Zustände der Vorstellungen, also zunächst nicht dasselbe, was Vorstellungen sind, sondern Zustände, die von der grössern Hemmung oder Freiheit der Vorstellungen abhängen; besässe also die Seele die Fähigkeit nicht, durch den Lauf der Vorstellungen bewirkt, sich zu diesen Zuständen der Lust und Unlust zu bestimmen, so könnte sie derselben auch nicht inne werden. Endlich dürfen wir wollen nicht mit vorstellen und Willen nicht mit Vorstellungsmasse verwechseln, so müssen wir der Seele auch die Fähigkeit zuschreiben, durch Vorstellungsmassen, die gegen einanden reagieren, Ueberlegungen, die mit einander kämpfen oder sich aussöhnen, veranlasst, Willensimpulse zu erzeugen, durch welche vorgesetzte Zwecke erreicht werden. Wir sehen also, dass wir trotz der Mechanik des Geistes, dem Sinken und Wiederaufsteigen der Vorstellungen, dem gegenseitigen Hemmen und Befreien, doch wegen der generellen Verschiedenheit der einzelnen Zustände der Seele die Fähigkeiten zuschreiben müssen, diese von einander gesonderten, aber doch durch einander bedingten und von einander abhängigen Zustände des Empfindens, Fühlens, Wollens zu erzeugen. Was nun aber die Unterscheidung von Sinnlichkeit und Verstand anlangt, so müssen wir durch die Thatsachen der Erfahrung genötigt zunächst der Seele die Fähigkeit zuschreiben, auf Reize von Aussen her Empfindungen zu erzeugen, was nach Herbart die Selbsterhaltungen sind. Alle diese Empfindungen, oder Selbsterhaltungen der Seele gegen die Störungen anderer Realen würden aber doch immer nur trotz der Einheit der Seele Einzelempfindungen bleiben, einzelne bewusste Zustände, gienge nicht von der Seele eine Thätigkeit aus, welche diese einzelnen Empfindungen in das anschauliche Bild eines Ganzen vereinigte. Ferner würden dies immer nur bewusste Zustände innerhalb der Seele, dieses einfachen Realen sein, sie würde durch die einfachen Selbsterhaltungen nie zu dem Bewusstsein einer von ihr getrennten Aussenwelt gelangen. Hier stehen sich beide Philosophen, Herbart und Kant, schroff entgegen. Herbart trennt wie Kant gradeso den Inhalt des Erfahrungsstoffes von der Form, behauptet aber, dass die Seele im Besitze von gar keinen angebornen Formen und Funktionen sei. In seiner Einleitung zur Philosophie § 122 p. 156 ff. sagt Herbart: „Die Betrachtung der Dinge mit mehreren Merkmalen haben wir so weit geführt, dass der Begriff von dem Dinge selbst als dem unbekannten Besitzer mehrerer Eigenschaften zum Vorschein kam. Dahin treibt uns die zwar rätselhafte, aber dennoch unleugbare Form des Gegebenen, nach welcher die Materie desselben (die einfachen Empfindungen) nicht einzeln, sondern in bestimmten Gruppen angetroffen wird; — „wir finden uns also gebunden, nur die bisherigen Komplexionen für gegeben gelten zu lassen, und diess heisst eben so viel, als sie sind uns wirklich gegeben." — Ueber den Kausalbegriff sagt er § 123 p. 159 ff. „Die Erfahrung bringt uns dahin, dass wir aus allem, was zugleich geschieht, einiges Vorhergehende herausheben, um es mit einigem Folgendem zu verbinden; und dass wir alles übrige, gleichzeitig Vorhergehende, als für jenes bestimmte Folgende unbedeutend und mit ihm nicht zusammenhängend ansehen, dagegen aber das herausgehobene Vorhergehende und Folgende als unzertrennlich betrachten.

Noch mehr: diese herausgehobene Folge von Erscheinungen finden wir wieder, und erwarten sie wieder in der Zukunft. Fragen wir nun nach dem wahrgenommenen Bande, welches die Unzertrennlichen zusammenhalte, während es die zufälligen Nebenumstände zur Seite lasse, so vermissen wir freilich dessen Erscheinung;

es ist weder für sich allein, noch in dem Verbundenen sichtbar. Versuchen wir aber, statt des bisher angenommenen Bandes ein anderes unterzuschieben, — versuchen wir also, aus gewissen Vorzeichen andere Erfolge statt der bisherigen zu erwarten (als ob es einerlei wäre, welche Ursachen man welchen Wirkungen zueignen wollte) — so finden wir uns auch hier genöthigt, es beim Alten zu lassen; d. h. wir müssen also auch hier das Band der Erscheinung für ein gegebenes gelten lassen, wenn wir schon nicht begreifen, wie es kann gegeben sein."*) Dazu vergleiche man, was Herbart Psychologie p. 109 sagt: „Die Seele ist keine tabula rasa in dem Sinne, als ob darauf fremde Eindrücke gemacht werden könnten; auch keine in ursprünglicher Selbstthätigkeit begriffene Substanz, in Leibnizens Sinne. Sie hat ursprünglich weder Vorstellungen, noch Gefühle, noch Begierden; sie weiss nichts von sich selbst und nichts von den Dingen; es liegen auch in ihr keine Formen des Anschauens und Denkens, keine Gesetze des Wollens und Handelns; auch keinerlei, wie immer entfernte, Vorbereitungen zu denselben." Alle Formen also, sie mögen sein, welche sie wollen, empirische, wie apriorische nach Kant, sind durch die Erfahrung gegeben. Was die empirischen Formen anlangt, so hat Herbart sicher Recht. Wir sind total in unsern empirischen Anschauungsbildern gebunden, wir können nicht irgend einer beliebigen, in einer bestimmten Form gegebenen Summe von Empfindungsqualitäten, die das Ganze eines empirischen Anschauungsbildes ausmachen, irgend welche von uns gewählte Form hinzuthun, sondern müssen die Form, in welchen die Empfindungsqualitäten sich uns darbieten, annehmen, sie ist uns oktroyirt. Unter den-

---

*) Cf. Einleitung in d. Philosophie § 149, 150, § 23. Allg. Metaphysik § 32 – 39.
Psychologie als Wissenschaft p. 49, 109, 255.

selben Umständen werden dieselben Empfindungsqualitäten in denselben empirischen Formen uns gegeben. Jene feststehenden empirischen Formen müssen herrühren von den Relationen und Wirksamkeiten jenes unbekannten Etwas, das unabhängig von uns Träger der Weltentwicklung ist. Aber Herbart übersah, dass alle diese Empfindungsqualitäten, alle diese Selbsterhaltungen, wenn auch von andern Realen erregt, doch nur subjektive einzelne Zustände des einen Realen, der Seele sind. Wie aber kommen die Vorstellungen als Selbsterhaltungen aus ihr hinaus, und sie zum Bewusstsein einer von ihr getrennten Welt? Einzig und allein durch die seelischen Funktionen der Kausalität und Substantialität, durch welche sie auf ein von ihr unabhängiges Etwas schliesst, das Grund und Träger der Empfindungsqualitäten ist. Einzig und allein dadurch, dass sie vermöge der Funktion der Raumanschauung die Empfindungsbilder der Netzhaut in einer der Grösse und Lage des Bildchens entsprechenden Weise aus sich herausprojiciert. Alle die einzelnen Empfindungsbilder müssten sonst subjektive Zustände ihrer selbst bleiben. Hier aber tritt uns trotz alledem immer noch der Einwurf entgegen, wie solle man sich denken, dass die Seele im Besitze solcher Begriffe und Formen sei, zumal Begriffe ja doch nur Produkte der abstrahierenden Thätigkeit des Denkens seien? Gewiss darf man sich das Verhältniss nicht so vorstellen, als schaute die Seele fortwährend den absoluten Raum und die absolute Zeit an, und als wäre sie im Bewusstsein dieser abstrakten Begriffe. Was sie vollzieht, sind die Funktionen der Raum- und Zeitanschauung und die Funktionen der Kausalität und Substantialität, gewisse Thätigkeitsweisen, welche die Sprache allmählich mit diesen Namen bezeichnet hat. Erst allmälich und nur in geringer Anzahl kommen die Menschen zu dem Bewusstsein des absoluten Raumes, als der nach drei Richtungen hin sich erstreckenden Ausdehnung, und der absoluten Zeit, als dem absoluten Nacheinander. Ein nur geringer Theil der Menschen hat eine Vorstellung von dem Begriffe der Kausalität, obwohl die Seele fortwährend diese Funktion vollzieht. Somit also müssen wir doch darauf zurückkommen, dass gewisse Thätigkeitsweisen der Seele immanent, von aussen her zu ihrer Wirksamkeit angeregt, die einzigen Bedingungen für die Möglichkeit der Erfahrung sind.

Der andere Theil der Einwürfe ist wesentlich metaphysischer Art. Indem Herbart ähnlich wie Hegel den Intellekt, das Denken, über das Moment der Anschauung erhebt, findet er in den durch die Erfahrung gegebenen Begriffen Widersprüche, mit deren Beseitigung sich nun die Philosophie zu beschäftigen hat. Philosophie ist daher für ihn wesentlich Bearbeitung der Begriffe. Diese widersprechenden Begriffe sind der Begriff des Dinges mit mehreren Merkmalen, der Begriff des Dinges mit wechselnden Merkmalen, der Begriff der im Raum ausgedehnten Materie, und endlich der Begriff des in der Zeit beharrenden Ich. Diese Widersprüche sind aus den Formen der Erfahrung hinwegzuschaffen, sodass jene Begriffe an sich logisch richtig und widerspruchslos werden. Da jene ferner sich finden in der Sphäre des Gegebenen, dieses aber nur Schein ist, dem ein wahres Reale zu Grunde liegen muss, so kommt es darauf an zu finden, wie wir das wahrhaft Reale denken müssen, damit sich aus ihm jene Widersprüche erklären und beseitigen lassen. Den Kantschen Begriff des Seins,*) als der absoluten Position, auf das wahrhaft Reale anwendend, findet Herbart, dass das Reale, damit es die absolute Position vertragen könne, sein müsse 1) schlechthin positiv und affirmativ, ohne Einmischung von Negationen. 2) schlechthin einfach. 3) allen Begriffen der Quantität schlechthin unzugänglich. 4) wie viel es aber sei, bleibt durch den Begriff des Seins ganz unbestimmt.**) Durch

---
*) Kr. d. R. V. ed Hartenstein p. 435—440.
**) Metaphysik ed. Hartenstein § 205—208.

diese einfachen realen Wesen, die durch die gegebenen Widersprüche und den Begriff der absoluten Position gefunden sind, ist es nun möglich, alle die durch die Erfahrung gegebenen Widersprüche zu erklären. Beim Begriffe des Dinges mit vielen Merkmalen sind wir genötigt, eine Einheit zu denken, die doch näher betrachtet eine Vielheit von sinnlichen Merkmalen ist. Da jeder Schein auf absolutes Sein hindeutet, so müssen zur Erklärung der vielen Eigenschaften auch viele Reale angenommen werden. Das Ding mit vielen Eigenschaften wird somit zu einem Komplex vieler realer, einfacher Wesen, die durch ihre Verhältnisse zu einander und zu uns das hervorbringen, was wir sinnliche Eigenschaften nennen. Damit es aber möglich ist, dass diese vielen sinnlichen Eigenschaften zur Einheit verknüpft erscheinen, muss ein Reales angenommen werden, welches als Urgrund mit allen übrigen Realen, und diese mit ihm, in Verbindung und Zusammenhang steht. Aus diesem Ideengange erklären sich nun die gegen Kants Metaphysik erhobenen Einwürfe. „Aber wenn Kant den wahren Begriff des Seins besass (und daran ist nicht zu zweifeln), so sagt Herbart,*) wie hat er ihn gebraucht? Was hat er als seiend gesetzt? Darnach sucht man in seiner ganzen Lehre vergebens. Sie hat keinen Ruhepunkt ausser allenfalls in ihren Glaubensartikeln." Und ferner § 39 der Metaphysik: „Die alte Metaphysik hat dieses Problem (nämlich der Dinge mit beständigen und wechselnden Merkmalen) nicht vollständig erkannt, viel weniger es gehörig behandelt. Aber die Kantsche Kritik, weit entfernt, sie daran zu erinnern und ihr das Geschäft zu erleichtern, hat vielmehr sie vollends davon abgelenkt und selbst die Vorbereitungen, welche schon gemacht waren, wieder in Vergessenheit gebracht. Das eigentlich metaphysische Wissen ist durch Kant nicht von der

---

*) Metaphysik § 32. p. 118.

Stelle gekommen. Die Fragen darnach sind auch nicht aufgehoben, nicht beseitigt worden, sie stehen noch, wie sie gestanden haben und warten auf Antwort." Doch Kant hat die Veranlassung gar nicht gehabt, wie Herbart, den Begriff der absoluten Position in einer solchen Weise zu gebrauchen, da er Widersprüche in den Erfahrungsbegriffen gar nicht kannte, weshalb es nötig gewesen wäre, ein vielfaches Reale anzunehmen. Diese Realen als „Dinge an sich" bleiben aber ebenso, wie bei Kant, ihrer wesentlichen Qualität nach unbekannt. Der Fortschritt und die Verbesserung durch Herbart wäre dann, dass anstatt des Kantschen „Dinges an sich," eines unhaltbaren Begriffs, durch eine formelle Vervielfältigung viele Etwas, Reale, angenommen werden, die, Produkte des abstrahierenden Denkens, ihrem Inhalte nach unbekannt, also Abstraktionen ohne Inhalt sind. Abgesehen davon, dass wir der psychologischen Anschauung Herbarts von der Seele als einem einfachen Realen ohne jegliche Anlagen und Fähigkeiten nicht beistimmen konnten, geraten auch in metaphysischer Hinsicht die Realen dadurch in Widerspruch, dass sie raumlos und doch Raum bildend sein sollen.*)

Vielleicht behaupten wir nicht zu viel, wenn wir grade hierin zwischen Hegel und Herbart trotz ihrer sonstigen Gegensätzlichkeit eine gewisse Aehnlichkeit anerkennen müssen, beruhend auf einer einseitigen Ueberhebung des intellektuellen Faktors gegenüber der Sinnlichkeit und einem daraus entspringenden monistischen Grundzug, der in psychologischer wie metaphysischer Hinsicht beide Systeme beherrscht, sodass derselbe Einwurf, der die Hegelschen Denkbestimmungen trifft, dass sie leere Abstraktionen ohne ein „Was" sind, vielleicht auch Herbarts Reale trifft.

Unsere metaphysische Erkenntniss ist somit auch

---

*) cf. Liebmann, Kant und die Epigonen p. 111—139.

heute noch nicht weiter vorgerückt, sofern bei aller empirischen wie spekulativen Forschung, die in ihrem letzten Endresultat doch stets von dem subjektiven Faktor mitbestimmt ist, bleibt uns stets, allerdings nicht ein Kantsches „Ding an sich", aber doch ein Etwas zurück, über dessen qualitative Natur etwas auszusagen, uns jegliche Mittel fehlen. Wir werden somit auch diesen Einwürfen Herbarts gegen Kant, dass er die Metaphysik nicht gefördert und seine richtige Erkenntniss nicht benutzt habe, nicht beistimmen können und als letztes Endresultat wohl dies festhalten müssen:

dass mit Abrechnung jener Partie der Herleitung, Anordnung, Anzahl der Denkfunktionen, wo die Einwürfe beider Männer, Hegels wie Herbarts gerechtfertigt sind, und des „Dinges an sich," sonst im Wesentlichen die metaphysische Grundanschauung Kants noch heute gilt.

Seiner dualistischen Grundanschauung der Dinge im Uebrigen beitretend müssen wir durch die Resultate der Naturwissenschaften bewogen, von den physisch-organischen Processen ausserhalb und innerhalb unser, denen als Träger ein seiner Qualität nach unbekanntes Etwas zu Grunde liegt, das in einem abstrakten Ausser-, Neben-, Nacheinander und dadurch in ununterbrochener Relation stehend unser seelisches Princip absondern, das angeregt, von aussen Empfindungen, Gefühle, Willensimpulse erzeugt. Als einem lebendigen, bewegenden Princip müssen wir diesem zweiten Faktor unserer Erkenntniss, obwohl seiner Qualität nach unbekannt, doch zum Zwecke der Erfahrung eine Erregbarkeit von aussen und Selbstthätigkeit von innen zuschreiben, die da gipfelt in den Funktionen der Synthesis, Reproduktion, Recognition, Association, der Kausalität und Substantialität (letztere bewussten und unbewussten Schlüssen vergleichbar), endlich der Raum- und Zeitfunktion, wodurch es zur Erkenntniss einer sinnlich real objektiven Welt gelangt. Im Denken, als einem seelischen Akt der Verbindung, des Trennens, Vergleichens, Abstrahierens werden diese Begriffe, von der Sprache mit Namen belegt, zu Urtheilen und Schlüssen vereinigt und durch die Thätigkeit des Abstrahierens zu immer abstrakteren und umfassenderen Begriffen ausgebildet. Durch Aufmerksamkeit auf ihre eigenen geistigen Thätigkeiten endlich gelangt die Seele in den Besitz von den Vorstellungen des Vorstellens, Fühlens, Wollens, Denkens, Zweifelns, Glaubens etc., die uns über das essentielle Wesen derselben nichts aussagen, sondern nur Manifestationen ihres eignen innern Lebens sind.

Somit steht im grossen Ganzen und Wesentlichen auch heute noch die psychologisch-metaphysische Grundanschauung Kants als ein unerschütterlicher Fels mitten im Gewoge der Stürme fest.